いまこそ知りたい AI ビジネス

What lies ahead of AI?

石角友愛
パロアルトインサイト CEO

Ton

Discover

はじめに

この本を手にとってくださった読者の皆さんは、「ＡＩビジネス」と聞いて、どんなことをイメージするだろうか？

「事務的な仕事はロボットが代わりにやってくれるようになる？」
「自分の仕事がＡＩに奪われて、職を失ってしまう？」
「今の仕事がＡＩによって大きく変化するのかもしれないが、正直、あまりイメージできない……」

日本では毎日のようにＡＩについてのニュースが流れている。にもかかわらず、ＡＩを使えば自分たちの仕事や暮らしがどのように変わるのか、その実情について適切に解説されるケースがほとんどない。

また、アメリカをはじめとする多くの国では「ＡＩに仕事が奪われる」のではなく、「人間がしなくてもよい仕事をＡＩに任せることができる」「人間はもっとクリエイティブな仕事に挑戦できるようになる」と捉えられているが、そういった考え方も日本ではあまり紹介されていないのが現状だ。

その結果、日本では、「ＡＩはよくわからないもの」「ＡＩは自分たちの仕事を奪うかもしれない技術」といった、漠然とした不安を生んでいる。

ＡＩ人材を育てるべく、幼少期からさまざまなプログラムを準備しているアメリカに比べると、その差は歴然だ。

また、その逆で「ＡＩは万能なもの」として、過剰な期待を持っている人も多い。

たとえば、ある金融関係者の方から相談を受けたときのこと。依頼内容は、「人間を超えた〝ＡＩ神〟のような、金融商品レコメンドエンジンを作ってほしい」というもので、ＡＩと神が同じ文脈で語られていることに違和感を持ったのを覚えている。

「ＡＩ＝神」は極端にしても、「ＡＩで何でもできる世の中になる」と考えている人は少なくないだろう。

あるいは、先日帰国して女友達と話をしていたときのこと。私がシリコンバレーを拠点にＡＩビジネスをしていると話すと、彼女たちはみな「ＡＩに解決してもらいたいことがいっぱいある！」と言う。

「どんなこと？」と聞くと、一人が「子宮頸癌検診の検査が嫌。あれって、そろそろＡＩで何とかならないの？」と言い、周りのみんなも「それ、わかる！」と盛り上がっている。「ＡＩは何でもできる万能装置」と思われていることを、ここでも痛感した。

もちろん医療現場にもＡＩ技術は使われている。ＣＴ画像やＭＲＩ画像を分析し、正常な画像との差異（つまり病変）を見つけることは機械学習の得意とすることだ。

しかし子宮頸癌検診では、物理的に子宮内の細胞を取り出さなくてはならない。それにはどうしたって身体的な接触が必要だし、将来的にもＡＩに置きかえられることではないだろう。

では、このように非専門家である一般の人たちがＡＩについてさまざまな誤解をしている一方で、技術者コミュニティはどうだろうか。

私が普段接するデータサイエンティストやエンジニアにこのようなエピソードを話しても、「え？　そんな人もいるんだ」というような反応が返ってくるのみである。技術者は技術者で、「一般人が何を理解できないのかが、理解できない」状況になっているのだ。

ＡＩに対して過剰な期待あるいは不安を持つ一般層と、それを理解できない技術者層。そのどちらが正しくて、どちらが間違っているなどという話をしたいわけではない。（どちらも間違っているわけではないのだから）

ただ、その二つの層に大きな隔たりがあるのが今の日本だということは、指摘しておきたい。そして、その隔たりが大きくなればなるほど、日本はＡＩビジネスにおいて競争力を失い、取り返しがつかなくなると私は考えている。

そうした危機感が、本書を執筆することにした大きな理由である。

ＡＩがインフラになる時代に、私たちはどう働き、どう生きるか

私はシリコンバレーに拠点をもつ、パロアルトインサイトというＡＩビジネスデザインカンパニーを経営している。

まだＡＩという言葉が日本では一般的に認知されていなかった頃から、グーグル本社で機械学習のプロジェクトに参加し、そこでシニアストラテジストとして働いたのち、起業した。現在は、一年の約４分の３をシリコンバレーで、４分の１を日本で過ごし、企業のＡＩビジネスデザインを進めている。

「ＡＩビジネスデザイン」といわれても、多くの皆さんには聞き慣れない言葉だろう。

ひと言でいうと、**ＡＩビジネスとは、「ＡＩ技術を使って企業の課題を解決する方法を提案し、実装すること」**。そして、**ＡＩビジネスデザインとは、「経営者や事業担当者とデータサイエンティストの間に立ち、ＡＩビジネスを創造する仕事」**である。

私自身も、CEO兼AIビジネスデザイナーとして、過去に50社以上の日本企業にAI技術活用に関するアドバイスや実装、導入を行なってきた。

そして、これまでの実務的な導入経験から、日本企業のAIビジネスには共通した課題があると感じてきた。課題というよりは、焦点のズレといったほうがいいかもしれない。それは、さきに述べたような、AIに対する認識不足だ。

電気や電話やインターネットがそうであったように、AIは近い将来、間違いなく私たちの生活のインフラになる。AI導入は企業サイズにかかわらず、〝now or never〟の状況。すなわち、「今やらなければ手遅れになる」状態にあるというのが世界的な共通認識だ。

それなのに、ここまでAIについての理解が追いついていないと、日本企業の競争力が下がるばかりではなく、日本人のこれからの働き方の選択肢が極端に狭まってしまう。

残念ながら、日本のAIビジネスはアメリカから5年遅れているといわれている。

しかし、実際に日本企業を対象にAIビジネスを進めている私は、日本にもまだチャンスは残されていると感じる。これまでに培ってきたものづくりやB2B（企業向け）製品開発の分野などでは、AI技術をうまく活用することによって国際競争力を取り戻せる可能性もある。

あるリサーチファームの研究によると、[1] AIが経済に融合したら、日本のGDPは現在の3倍以上に伸びるという。アメリカの伸び率は1・7倍なので、ポジティブな見方をすれば、**日本は「AI伸びしろ」が大きい**といえる。このチャンスを逃すべきではない。

ヘンリー・フォードが車を一般層に大量生産しはじめた1900年代初め、一般層はまだ馬車を使っていた。そのときフォードは、「車とはこんなにすごい技術を使っているのですよ」と言わずに、「車とは〝馬なし馬車〟なんですよ」と伝えて理解を促すことに成功したといわれている。[2]

これまでの日本社会では、AIやディープラーニングの技術面重視で論じられてきて、「結局AIとは何なのか」という世間一般の疑問に対して答える努力が十分になされてこなかったのではないだろうか。

今ここで一歩足を止めて、AIについても「馬なし馬車なんですよ」とわかりやすく伝える試みをしたい。それが、本書を執筆した動機のひとつだ。

1 Accenture website：https://www.accenture.com/us-en/insight-artificial-intelligence-future-growth
2 https://www.loc.gov/rr/news/topics/horseless.html

そうすることで、私たち日本人がＡＩに対する理解を深め、ＡＩがインフラになる時代を生きていくための一助となればと考えている。

本書の活用法

「ＡＩで何かしなくてはいけないと思っているが、何から始めればいいのかわからない」という経営者。

「自分たちのビジネスにおいて、ＡＩがどのように活用できるのかイメージできない」という事業担当者。

「ＡＩが導入されたら自分の仕事やキャリアがどう変わるのかを知りたい」というビジネスパーソン……。


このような不安や疑問をかかえている、ＡＩ技術の専門家ではない方々に向けて、本書ではできるだけ専門用語を使わずに、わかりやすく噛《か》み砕いた表現でＡＩビジネスについて説明していく。

これからの時代に、自分の仕事がどのようにＡＩとかかわっていくのかを知りたい学生やビジネスパーソン、経営者の手助けになればと考えている。

また、本書は、ＡＩビジネスを推進する立場にいる人や、エンジニア、データサイエンティストにとっても役立つはずだ。専門家や技術者の人たちには、ＡＩのプロフェッショナルではない一般企業のクライアントが何を理解できず、どんな場面でつまずきやすいのかを知るツールとして使ってもらえるとありがたい。

本書では、これまで日本のＡＩ書籍でほとんど語られてこなかった「ＡＩビジネス」について、①具体性、②将来性、③国際性の３つの見地から解説する。

第１章では、日本のＡＩビジネスにおいて勘違いされている点とその理由を解説する。
第２章では、最新ＡＩビジネスで起きていることを、事例を交えて紹介する。
第３章では、実際にＡＩを導入する際にどんなステップを踏めばよいのかを教える。
第４章では、ＡＩビジネスの課題について、世界各国の動きを交えつつ論じる。
第５章では、ＡＩ人材と日本の今後について解説する。

そして第6章では、ＡＩ時代に求められる人材についてまとめながら、私たち個人がこれからのキャリアをどう形成すべきかについて考えたい。

ＡＩ導入と働き方の多様性は、コインの裏と表だ。ＡＩ時代の働き方は、これまでにない多様性を持つことになる。これからは、より自由度の高い働き方も可能になる。ただし、ビジネスにおいて優位性を保つためにも、個人のキャリアにおいて自由度をあげるためにも、「ＡＩで何ができるか。私たちの仕事はどう変わるのか」を正しく理解することは不可欠なのだ。

本書が、皆さんのビジネスやキャリアデザインの一助になることを願っている。

石角友愛

いまこそ知りたいAIビジネス　もくじ

第２章　ＡＩビジネスの最先端を見てみよう

第5章 ＡＩ人材とこれからの日本

第6章 ＡＩ時代における私たちの働き方

本書は書き下ろしですが、部分的に、
著者が下記メディアに寄稿した記事をもとにしています。

Business Insider Japan（https://www.businessinsider.jp/）
現代ビジネス（https://gendai.ismedia.jp/）
THE21オンライン（https://shuchi.php.co.jp/the21/）
毎日新聞「経済観測」

第 1 章

ここがヘンだよ、日本のAIビジネス

この章では、日頃我々が仕事を進める中で感じる
AIビジネスにまつわる勘違いについてお話ししたい。
なぜこのような勘違いが起こるのか、
日米におけるAIビジネスの比較も交えながら解説する。

「ＡＩ＝ロボット」という勘違い

「ＡＩが動いている姿を見せてください」

日本では、ＡＩを〝ロボット的な何か〟だと認識している人が少なくないようだ。

先日、取材を受けている最中に「僕はＡＩが具体的にどんな働きをしているのか、全然イメージできないんです。ＡＩって、結局何をやっているんでしょうか」と聞かれた。

その方いわく、「実際にＡＩが動いている姿を目で見ることができたら、ＡＩの実態がわかると思うのですが……」とのこと。

私が「ＡＩが動いている姿というのは、画面で実際に計算しているところを見たいということでしょうか？」と聞くと、その方は「ＡＩが計算？」と、不思議そうな顔をした。

この質問をいただいたことで、私自身、大きな気づきがあった。それは、IT業界の技術者が考えるAIと、一般の方が考えるAIのイメージにギャップがあるということだ。

私たちAIビジネスに携わる人間からすれば、**AIとは学問領域の名前や、機械学習、ディープラーニングなどの手法の総称**という理解が一般的だが、しかし世間では、AIを〝ロボット的な何か〟と考えている人が多いようだ。質問した彼が「AIが動いている姿」と言ったことからわかるように、AIを擬人化したイメージで捉えているのだ。

ここに、IT業界にいる人やソフトウェア開発をしている人と、そうではない人との隔たりがある。

「AIの○○ちゃん」と擬人化することの弊害

特に**日本では、AIによる学習のアウトプットを擬人化して見せることが多い**。

「AI＝ロボット的なもの」と考える向きは、ソフトバンクが2014年に発表したヒト型ロボット「ペッパー」の認知度が高いからかもしれない。

たとえば、あるビジネス系のニュース番組には、ＡＩが予測した今週の株価を紹介するコーナーがある。そこでは、あたかも「予測ちゃん」というようなキャラがいて、その「予測ちゃん」が、私たちに話しかけているかのようなアウトプットの仕方をしている。

このような擬人化アウトプットは、いたるところで見られる。

最近日本のタクシーに乗ると、「ＡＩの〇〇ちゃんが、あなたの名刺管理をしてくれます」といった広告をよく見かける。あるいは、女性アイドルがアンドロイド風のメイクをして「ＡＩ秘書です」という広告もある。これもやはり擬人化されたアウトプットだが、きっとそのほうが世間的にはＡＩのイメージが伝わりやすいと思われているからだろう。

しかし実際のところ、ＡＩとは先ほど述べたように、**機械学習をはじめとする「手法」や学問領域の総称でしかなく、姿形のないものだ。**ロボット工学の領域もＡＩという広義の学問領域の傘下に入ることが多いが、いずれにしても、ＡＩ＝ロボットではない。

常にロボットや人間の顔といった擬人化クッションを経ないとＡＩについて議論できないようなら、いつまでたってもＡＩは「中身のわからないブラックボックス」的な存在になってしまう。

ＡＩビジネスを考えるうえでは、この擬人化が弊害になる。抽象的な概念は抽象的なまま議論しないと、本質を見誤り、機会損失につながるからだ。

私たちの会社が担当した日本でのＡＩの導入事例をひとつご紹介しよう。

エルフィード社は「通販できるみんなのお薬」（以下、みんなのお薬）という薬のＥＣサイトを運営している。この会社から、機械学習モデルを導入してアマゾンのＥＣサイトの売り上げと利益率のアップを図りたいと相談された。

皆さんの中にもアマゾン上で商品を売っている方がいるかもしれない。その方々は実感を持っていらっしゃるだろうが、競合の増加と手数料の値上げに伴い、アマゾン上でのビジネスは以前に比べて難しくなっている。売り上げを伸ばしつつ利益も伸ばすことは、アマゾン上で商品を売る多くの業者が悩んでいる課題だろう。

エルフィード社も同じだ。単に薬の値段を下げれば必ず検索結果で上位になるわけではないし、仮に上位になりユーザーが購入してくれたとしても利益が減ってしまう。すなわち、確実に検索結果上位になりながら、利益も最大化させるための最適価格を商品ごとに割り出さなければいけない状態なのである。

そこで、アマゾンにおける商品の最適価格を予測するAIモデルを弊社が開発した。このAIモデルを導入したとたん、伸び悩んでいた売り上げが、3ヶ月で2倍アップ、同時に利益率も2倍以上伸びて、月商1億円を超えるまでになった。

AI導入の相談を受け、実際に担当者とお会いしてからサイトに実装するまでには3、4ヶ月しかかかっていない。

さて、この事例がメディアに取り上げられたときのことだ。

私の友人に、「『AIモデルを使って最適価格を予想している』という文章がわかりにくい」と指摘された。

まず、モデルという言葉がわかりにくいそうだ。

「AIを使って計算し、最適価格を予想しているという意味だよ」と伝えると、「『AIが価格を予想している』と書いたほうが、よっぽどわかりやすい」と言われた。

おそらく、専門家ではない人たちの多くは、私の友人と同じように考えるのだろう。

その感覚を否定するものではないが、これもやはり、AIを擬人化し、AIが物事を行う〝主体〟であると考えているがゆえの発言である。AIというロボット的な何かが価格を予想しているとイメージしてしまうのだ。このイメージが機会損失を生む。

「みんなのお薬」で採用しているAIは、ロボットのように姿形があるものではない。

AI＝ロボット（話しかけるインターフェースがあるもの）と思っている経営者は、まさか自分たちが最適価格予測アルゴリズムを導入しようとか、社員のスケジューリング最適化モデルを使おう、というアイデアが浮かばないのではないだろうか。

私がAIを擬人化しないほうが良いと考えるのは、こういった機会損失を防ぎたいからである。

「AI〝が〟××する」ではなく、「AI〝で〟××する」

AIビジネスにかかわる人間は、「AI」を一人称の主語として使わない。

彼らは「AI〝が〟予測する」とは言わず、「AI〝で〟予測する」という言い方をする。

これは「インターネット〝が〟メールを送る」と言わずに「インターネット〝で〟メールを送る」と言うのと同じことだ。

AIは、火や電気やインターネットと同様で、単なるツールでしかない。

この書籍でも「日本的なAIの捉え方」を示唆する場面以外は、AIを一人称の主語として表記しないように意識した。

さらにいうと、先ほど述べたように、AI（＝Artificial Intelligence）は、学問の一分野やいろいろな課題領域に対してのアプローチの総称を指す。だから、アメリカのデータサイエンティストたちは、自分たちの技術を「AI」とは言わずに（非常に広義な単語のため）、マシンラーニング（機械学習）と呼ぶことが多い。

図1は、実名制Q&AサイトのQuoraで見つけた、AI、マシンラーニング（機械学習）、ディープラーニングの関係性を表したものだ。個人によって定義が異なる部分もあるが、おおよそこの区分は一致していると思われる。

図1　AI、マシンラーニング（機械学習）、
ディープラーニングの関係

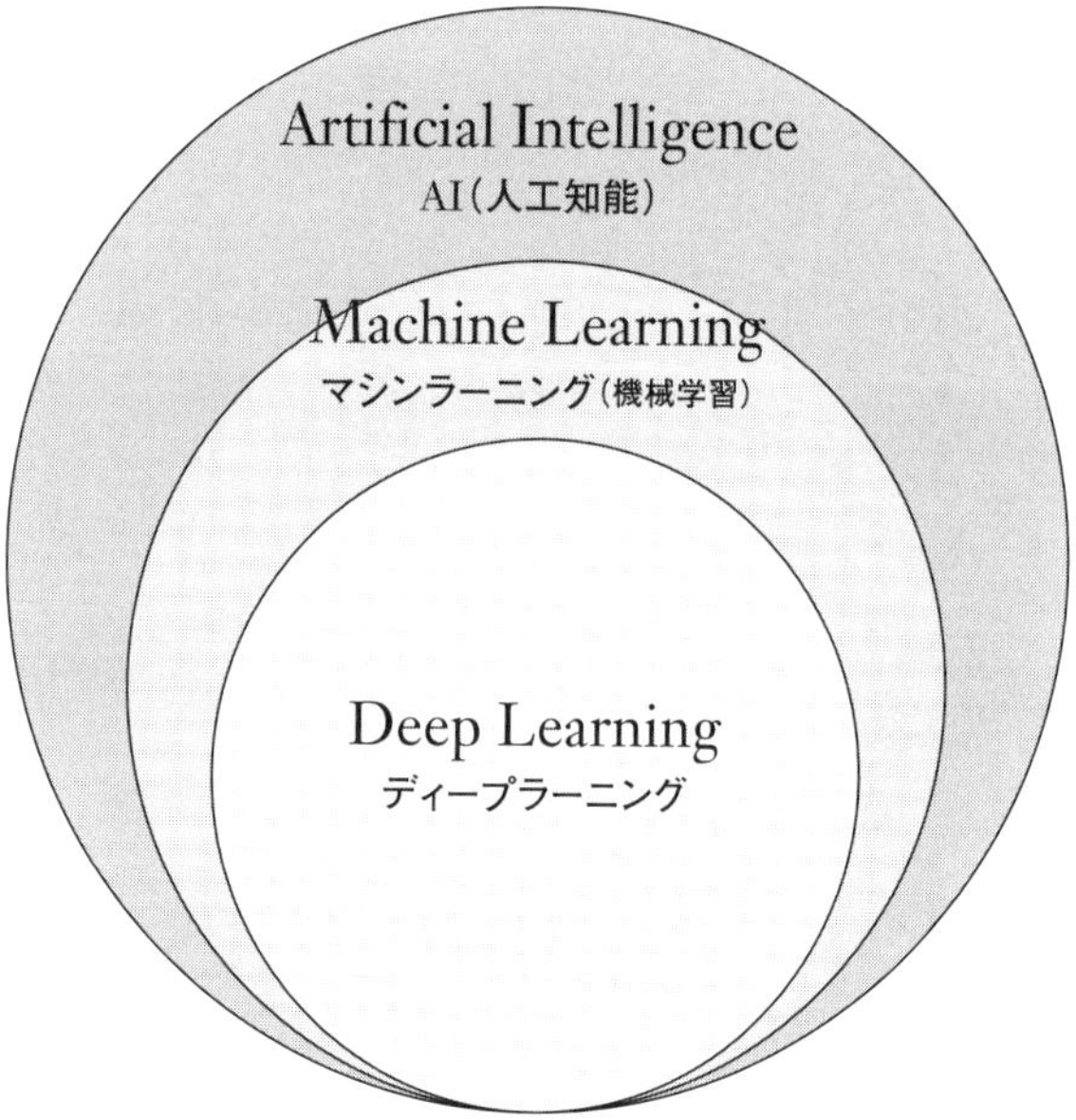

出典:https://www.quora.com/What-are-the-main-differences-between-artificial-intelligence-and-machine-learning-Is-machine-learning-a-part-of-artificial-intelligence

この書籍ではわかりやすさを優先するために、マシンラーニング（機械学習）という言葉を多用することは避ける。しかし、読者の皆さんには「ＡＩはひとつの手法にすぎない」と認識してもらうためにも、ＡＩを擬人化しない、すなわち「ＡＩが××する」ではなく、「ＡＩで××する」と言うことをお勧めしたい。

なぜ日本人は「ＡＩが仕事を奪う」と考えるのか

日本人が「ＡＩが自分たちの仕事を奪う」と考えがちなのも、この擬人化の弊害のひとつだと私は考えている。

ＡＩをロボットや人といった「主体」とみなすから、「仕事を奪う、奪われる」といったイメージにつながるのではないか。

アメリカでも「ＡＩが自分の仕事を奪う」といった議論にならないわけではないが、とりわけシリコンバレーでは、ＡＩはツールにすぎず、自分たちが使いこなすものと思われている。Ｅメールやスマートフォンを使いこなすように、新しく生まれるＡＩをどんどん使いこなして、無駄な作業はやらなくてすむようにしようという考えを持っているのだ。

たとえば、グーグルが開発した「AIY」をご存じだろうか。「Do It Yourself」のDIY（日曜大工）をもじったもので、自分でAIを作ろうというキットだ。段ボールを使って、グーグルホームに搭載されているような音声AIを作れる商品が10ドルで販売されている。音声以外にも、画像認識AIYもある。

私には8歳の娘がいるが、このキットは、彼女のような幼い子どもでも、ある程度は扱える。自分の手でAIを作る経験をし、「毎日自分が使っているアレクサは、こんなふうにできているんだ」と知ると、「なんだ。音声AIって、ただのプログラミングなのね」と理解できるようだ。

「AI＝よくわからないブラックボックス」ではなく、**AIを作るのは自分たち人間で、AIに指示を与えているのも人間である**ということが早いうちに理解できると、「AIには意志があって人間を超えるのか？」とか「AIは私の仕事を奪うのか？」といった議論から離れることができるだろう。

エンジニアを社内にかかえるアメリカ、外注する日本

クライアントと話をしていると、「ＡＩは何でもできる万能な存在」と考えている人も少なくない。こちらは擬人化というより、神格化といえるだろう。

はじめにで書いた「〝ＡＩ神〟で金融商品のレコメンドエンジンを作ってほしい」という依頼もそうだし、「ＡＩで子宮頸癌検診ができるようになってほしい」という期待もそれにあたる。

また先日、日本人の英語力が世界レベルで見て49位に低下しているというウェブのニュース記事に対して、たくさんの人が「もうすぐＡＩが翻訳してくれるようになるから英語なんてやる必要がない」「早くＡＩ翻訳を実現してほしい」というコメントをつけているのを見た。

ＡＩ翻訳とひと言でいっても、グーグル翻訳アプリなのか、ＡＩ機能のついたマイクを

持ち歩くのか、小さいロボットをバッグに入れて持ち歩くのか、具体的なイメージもないまま、漠然と「AIがなんでも翻訳をしてくれる」と思っているのだろう。これも、その漠然とした「AIは万能」という一種の神格化の現れに他ならない。

こうした思考の結果として、日本人が外国語を学ぶ努力を放棄するようになっているのだとしたら、それは本当に危険な現象ではないだろうか。

ではなぜ、日本ではAIが擬人化、神格化されてしまうのだろうか。

その理由のひとつに、エンジニアが自分たちの身近にいないことがあげられるだろう。

アメリカのソフトウェアエンジニアの7割はユーザー企業に所属している。[3] 企業に所属するエンジニアたちは、自社の課題を解決するためのシステムを開発し、運用を進めている。データサイエンスやAI関連のカンファレンスに参加しても、シリコンバレーではグーグルやネットフリックスといった大手IT企業だけではなく、保険会社や銀行、新聞メディアなど、いろいろな業界のデータサイエンティストが登壇することが特徴だ。

一方、**日本では、ソフトウェアエンジニアの8割がシステムインテグレーター(情報シ**

3 (出典) 産業構造審議会 商務流通情報分科会 情報経済小委員会 中間とりまとめ

ステムの構築・運用等を請け負う企業）やＩＴ企業に所属している。つまり日本のほとんどのユーザー企業や非ＩＴ企業のシステムは、システムインテグレーターに外注している状況なのだ。

企業内にＡＩに明るいエンジニアがいなければ、ＡＩがどのように開発・運用されていくかをイメージすることは難しいだろう。

それだけではない。日本の場合、企業のトップも「この道ひと筋」でやってきた人が社長になるケースがほとんどだ。日本には、加工されていない生のデータを見ながら経営戦略を考える「データ会議」がないと聞く（シリコンバレーの企業の多くは、データ会議を採用している）。

その結果、日本では、ＡＩに対して漠然とした期待値や不安感を持つ人が多く、ＡＩビジネスに対しても多くの勘違いが生まれているのだと考える。

これまで、非ＩＴ業界の人たちがソフトウェア開発にかかわることはほとんどなかっただろうし、それでも問題なく働くことができてきた。

図2　あらゆる産業のベースにAIがかかわってくる

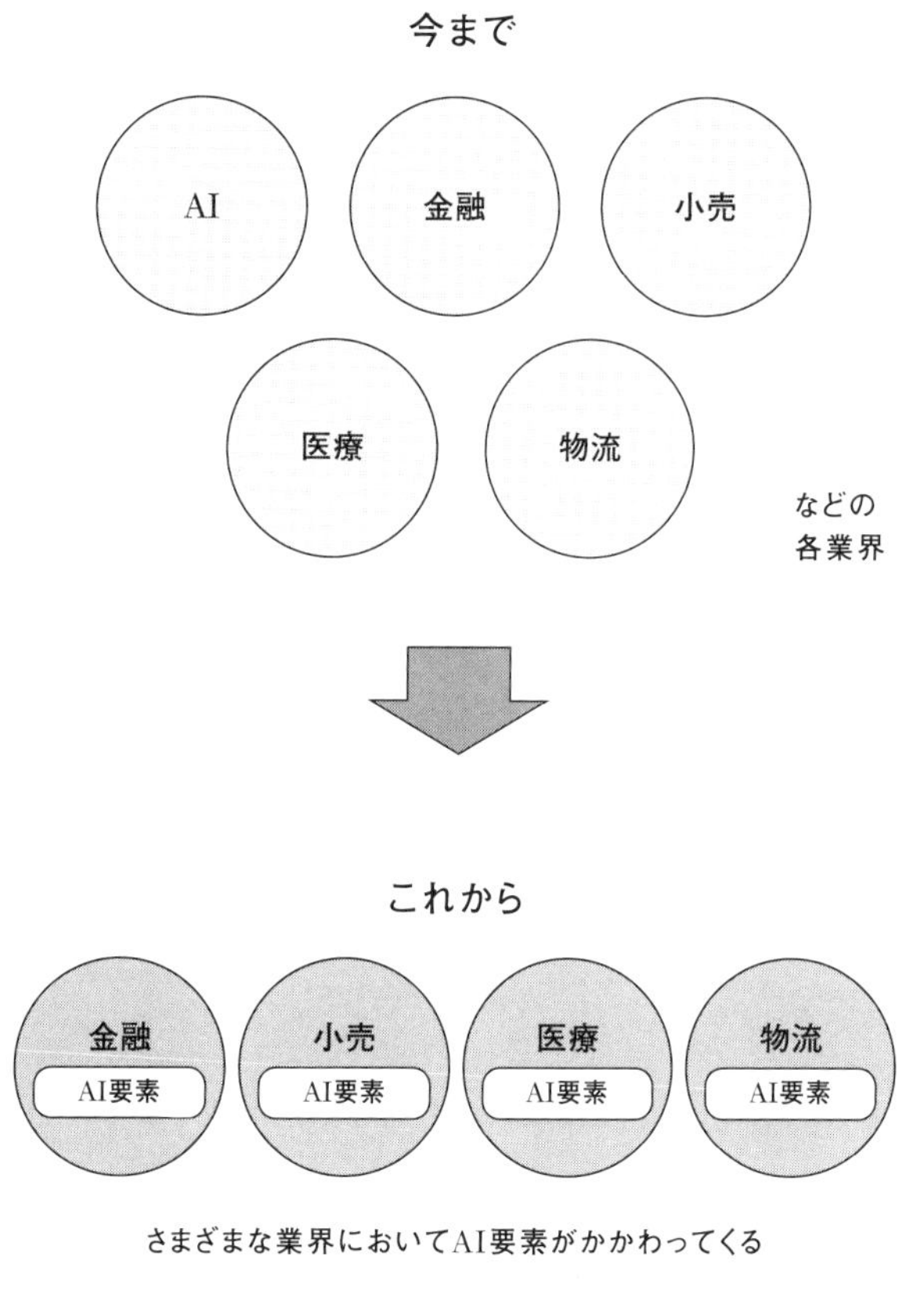

著者作成

しかし、これからはそうもいかない。なぜなら**あらゆる産業のベースにＡＩの考え方が必要になる**からだ。非ＩＴ業界においても、ＡＩに対する基礎的な知識が必要になってくるし、ＡＩの浸透で私たちの働き方も変わってくる。

ＡＩビジネスを学ぶにあたっては、ＡＩを擬人化、神格化するのではなく、課題解決のひとつの手法として考えることが第一歩となることを、ここではご理解いただければ幸いだ。

POINT

- **ＡＩを擬人化すると、機会損失が起こる**
- **ＡＩは課題解決のためのツールにすぎない**
- **ＡＩを作るのも、それに指示を与えるのも、人間である**
- **ＡＩは万能ではない。神格化すべきではない**

「AIビジネスは自分には関係ない」という勘違い

中小企業ほどAI活用が重要になる

グーグルのCEO、サンダー・ピチャイは「AIは火より、電気より大事なものだ」と発言している。

中国のバイドゥ（百度）の元チーフデータサイエンティストであり、スタンフォード大学の教授でもあるアンドリュー・ングも、「100年前に電気の登場ですべての業界が変わったのと同じように、今後数年間にAIが変革しない業界はないだろう」と言っている。

つまりAIは、火や電気、あるいはインターネットにたとえられるくらい「インフラ」として考えられているのだ。

「ＡＩビジネス」というと、大企業や先端的なＩＴ企業のものと考えている人もいるかもしれないが、そうではない。中小企業であっても、ＡＩの活用が活路になる。むしろ、中小企業ほど、ＡＩの導入で大きなビジネスインパクトを出すことができるともいえる。**ＡＩ導入は、実は局地的であればあるほど力を発揮する側面を持っている。**だから、中小企業ほどＡＩを効果的に活用することが重要になるのだ。

先ほどご紹介した「みんなのお薬」の例もそうだが、ＡＩ導入によって売り上げが増大するケースは少なくない。

街の歯科医にもＡＩは必要

先日、歯科技工所の方、街の歯科医の方から立て続けに問い合わせをいただいた。そのメールには、自社のビジネスにＡＩを導入したいといった要望が書かれていた。

歯科技工所の方の相談はこんなものだった。

インプラントやセラミック、入れ歯などの歯科技工物は、国家資格を持った歯科技工士が製作して歯医者に納品している。しかし、技術者の高齢化と資格取得者の減少により、歯科技工士が年々減少しているのが実態なのだとか。人材確保が困難になっているうえに、単価も下がっている業界で生き残るためのＡＩの活用を考えているとのこと。

人材確保ができない。単価が下がりコモディティ化するといった課題は、この業界にかかわらず、多くの業界で共通した課題ではないだろうか。

また、そこには具体的なアイデアも書かれていた。ひとつは、ＡＩを使って歯科技工物を機械的に製造して人手不足を解消すること。もうひとつは、自社が受注してきた歯科技工物をＡＩで分析して、歯科医院の経営支援やコンサルができるようになること。コンサルができるようになれば、歯科医院への営業の強みになると予想していた。

一方、街の歯科医の方も、予約システムや受付業務、カルテや薬剤の在庫管理にＡＩを導入できないか検討中ということだった。

この相談を受けて私自身が強く感じたのは、やはり、**ＡＩの導入や活用は、既に大企業やＩＴ企業だけのものではなくなっている**ということだ。とくに、歯科技工士の方から送られてきた2つのアイデアは、実現可能性の高い案件といえそうだ。

日本のメディアでは、とかく見た目が派手な大規模ＡＩプロジェクトが取り上げられがちなので、ＡＩは資金が豊富な大企業か先端的なＩＴ企業以外に縁のないものと考えている人も多いだろう。

しかし、**企業のサイズや業種にかかわらず、今後皆さんがＡＩの影響なく仕事を続けることはありえない。**この歯科技工士の方や街の歯科医院のように、自分たちの業界でどのようにＡＩを活用できるかを今から考えることは、大きな競合優位性になるだろう。

ＡＩを活用すれば業績が伸びる業種は全体の7割

マッキンゼー・グローバル・インスティチュートが発表した資料では、ＡＩが不可欠な業種が16パーセント、ＡＩ（ここではディープラーニングを指す）を導入したときに業績が大きく伸びると予想される業種は全体の69パーセントを占めるといわれている。逆に、ＡＩ活用がそれほど優位に働かない（またはＡＩ以外の技術を使っても業績が伸びる）と思われる業種は15パーセントにとどまる。（図3）

図3　マッキンゼーリポート1

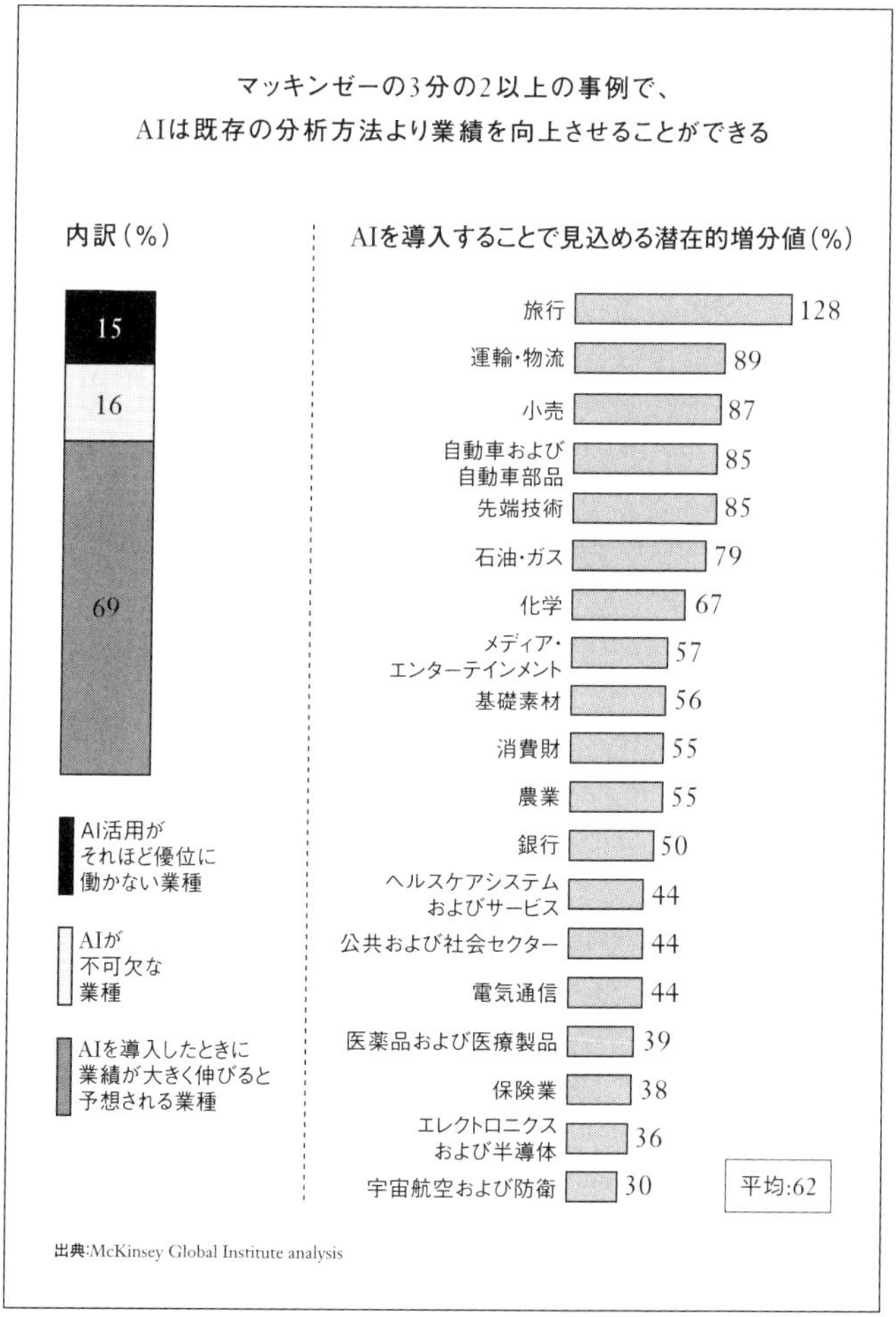
マッキンゼーの3分の2以上の事例で、
AIは既存の分析方法より業績を向上させることができる
内訳(%)
15
16
69
AI活用がそれほど優位に働かない業種
AIが不可欠な業種
AIを導入したときに業績が大きく伸びると予想される業種
AIを導入することで見込める潜在的増分値(%)
旅行 128
運輸・物流 89
小売 87
自動車および自動車部品 85
先端技術 85
石油・ガス 79
化学 67
メディア・エンターテインメント 57
基礎素材 56
消費財 55
農業 55
銀行 50
ヘルスケアシステムおよびサービス 44
公共および社会セクター 44
電気通信 44
医薬品および医療製品 39
保険業 38
エレクトロニクスおよび半導体 36
宇宙航空および防衛 30
平均:62
出典:McKinsey Global Institute analysis

また、ＡＩ導入によるインパクトを示した資料も見てほしい。この資料では、分析業務全体におけるＡＩの貢献度の割合とＡＩ導入がもたらす金銭的価値の二軸で評価されている。（図4）

たとえば旅行業界。ＡＩが分析業務の過半数を占めて、その価値は３８００億ＵＳドル（日本円で約43兆円）。伸びしろの大きな業界だ。また、運輸物流を見てみると、ＡＩが分析業務の47パーセントを占めて、その貢献度は金銭的価値にすると４０００億ＵＳドル（日本円で約45兆円）となっている。ＧＤＰが数パーセント上がるレベルの価値だ。このような業界はとくにＡＩとの親和性が高い業界といえる。

同様に、小売業界もＡＩ導入で大きな変化を受ける業界だ。この業界全体にＡＩ導入がもたらす金銭的価値は大きく、６０００億ＵＳドル（日本円で約68兆円）にもなる。

私はこの書籍の冒頭で、「ＡＩ導入は企業サイズにかかわらず〝now or never〟の状況だ」とお伝えした。「自分の業界には縁がない」「うちの会社は小さいから関係ない」とは言えない時代に突入していることがおわかりいただけただろうか。

図4　マッキンゼーリポート2

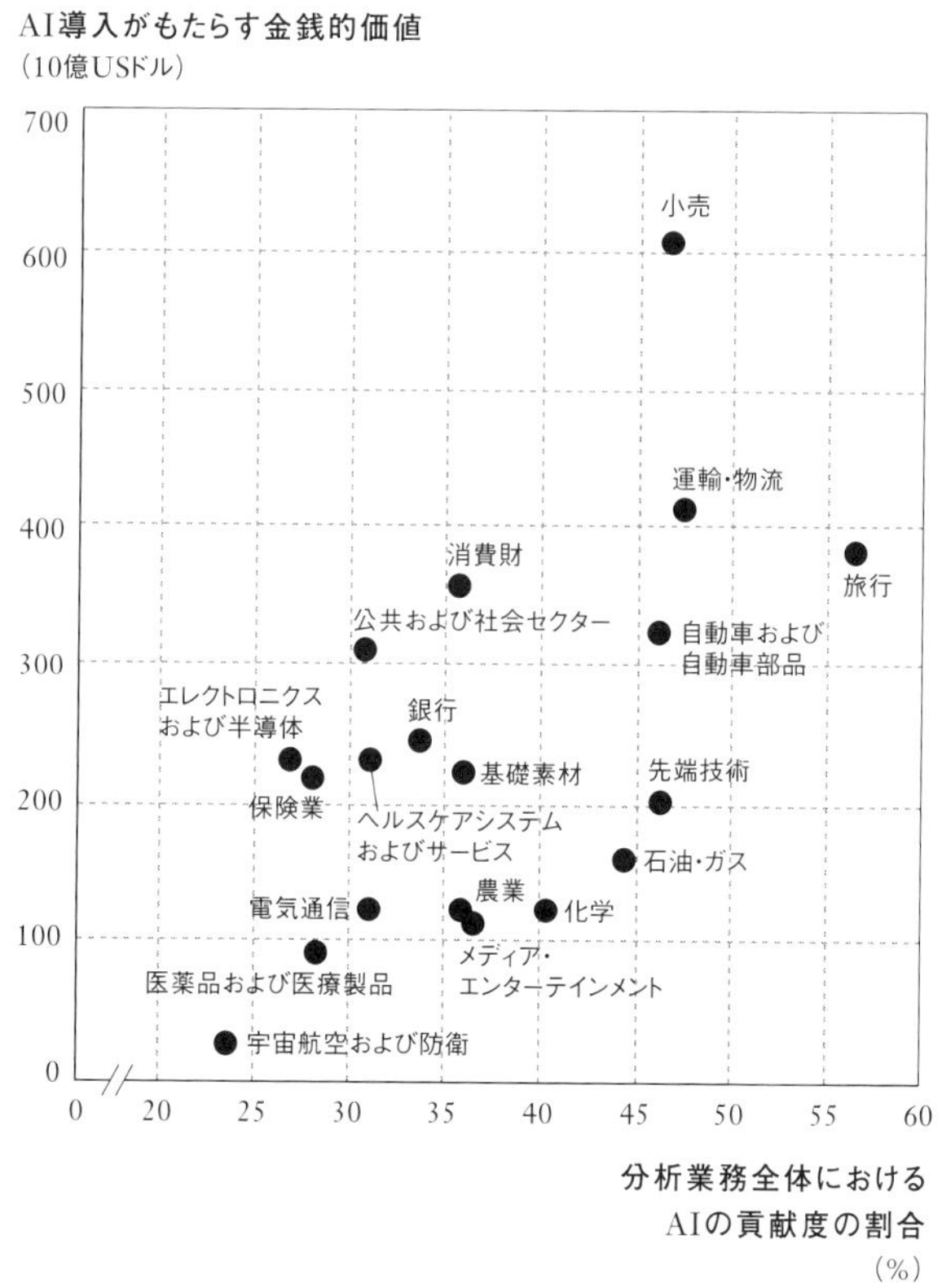

出典:McKinsey Global Institute analysis

メディアが取り上げる、規模の大きく敷居の高い事例だけを見て、「ＡＩは大企業かＩＴ企業だけのもの」と考えていると、致命的な遅れをとってしまう。

しかしこのことは、裏を返せば、**今、正しくＡＩの導入をすれば飛躍的に事業を成長させるチャンス**だともいえる。今から取り組めば、「みんなのお薬」のように、売り上げも利益も倍以上にできる可能性も十分にある。

では、いったい何から取り組めばよいのか。まずはＡＩが実際にどのようなシーンで活用されているか、第2章で見ていきたい。

POINT

■ 今後数年間、ＡＩが変革しない業界はないといわれている
■ ＡＩの導入や活用は、もはや大企業やＩＴ企業だけのものではない
■ 中小企業ほど、ＡＩ導入がもたらすビジネスインパクトは大きい

第2章

AIビジネスの最先端を見てみよう

私たちの生活は、AIによってどう変わっていくのだろうか。
この章では、いくつかのAIビジネスの事例を解説していく。
AIがインフラとなりつつある世界を、
具体的にイメージしてもらいたい。

ＡＩはどんなシーンで活用されているか

コーディネートをＡＩ＋スタイリストで

あらゆるシーンでＡＩが活用されているアメリカのサービスをひとつ紹介したい。このサービスをもとに、ＡＩ時代の到来と、そのとき人間はどんな仕事に携わるのかを具体的にイメージしてもらえたらと思う。

現在、アメリカで２７０万人が使用する、人気ファッション通販サイトがある。名前はスティッチフィックス（Stitch Fix）。

サイトで会員登録をすると、ユーザーは85項目の質問を受ける。体型や予算だけではなく、何枚かの洋服の写真を見せられ、それらの服が「大好き」か「好き」か「嫌ではない」か「嫌い」かを、クイズのように答えていくのだ。

後日、AIとスタイリストのおすすめによって、ユーザーに洋服が5着（5アイテム）送られてくる。この際、ユーザーは好みの服だけをキープし、嫌いな服は無料で返却することができる。

このサービスの基本料金は月額20ドル。1着でも購入すると20ドル割り引かれるので、

図5　アメリカの人気ファッション通販サイトStitch Fix

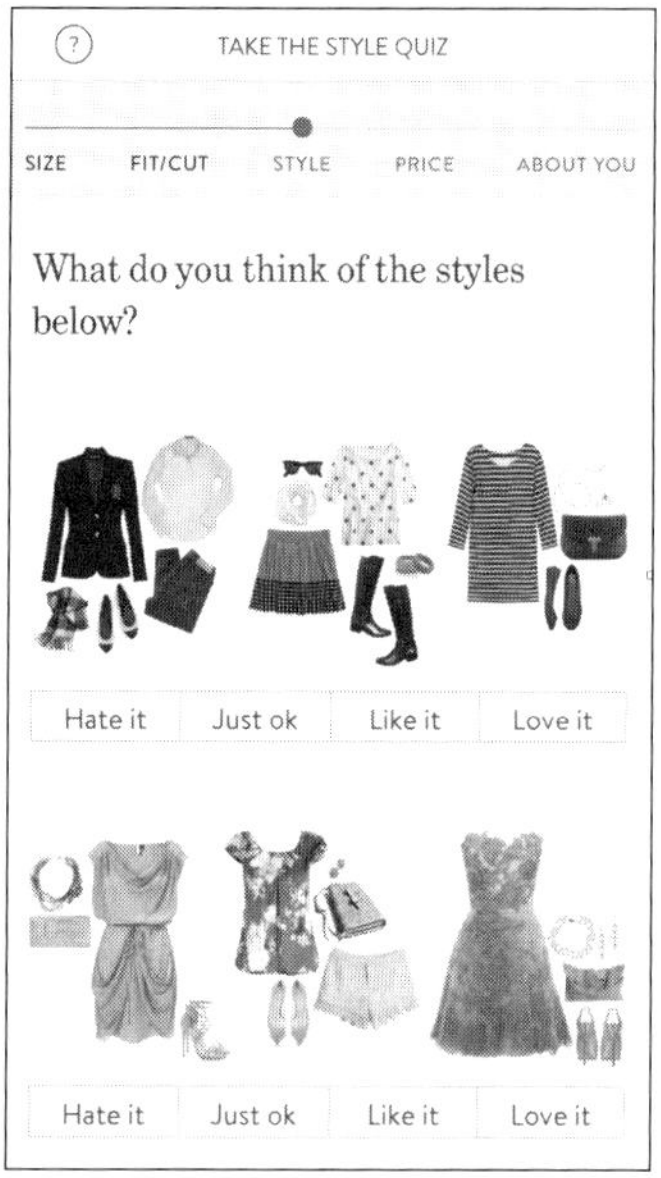

「大好き／好き／まあまあ／大嫌い」という4つの選択肢からワンクリックで選ぶだけのUI（ユーザーインターフェース）も面白い。

購入した人は実質手数料が無料になる。今日本でも大流行中のいわゆる「サブスクリプションビジネス」（利用者がモノを買い取るのではなく、モノの利用権を借りる対価として料金を支払うビジネスモデル）の成功事例だ。

このサービスの特徴は、あらゆるシーンでＡＩが活用されていること。またその一方で、ＡＩだけではサポートできない部分に人間の判断やアクションが加わっていることだ。[4]

スティッチフィックスには、元ネットフリックスのデータサイエンスチームの責任者であるエリック・コルソンという凄腕を筆頭に、75名以上のデータサイエンティストが在籍している。そして注目すべきは、約３５００名のスタイリストを雇っていること。雇用のほとんどはこのスタイリストだ。[5]

スティッチフィックスのリピーターは８割を超える。ＡＩと、その人に合わせた提案を考えるパーソナルスタイリストという、お互いを補い合う関係性で、ファッション通販のビジネスにイノベーションを起こしている。

ここではこのスティッチフィックスを例に、どんなシーンでＡＩが使われ、どんなシーンを人間に任せているのかを紹介していく。

スティッチフィックスのモデルを知ることで、**今、AIビジネスの世界で何が起こっているのか、そして皆さんの仕事にAIがどのようにかかわっていくのか**がイメージできるのではないかと考えている。

ユーザーにすすめる商品をAIで決める

まず、このサービスでは、ユーザーにどんな服をおすすめするかを決めるためのアルゴリズムにAIが活用されている。

サイトに登録すると、ユーザーが自分の体型やサイズを細かく入力したり、好みのコーディネートの写真を選んだりするページがある。また、どのアイテムにどれくらいの予算をかけてもよいかといった質問もある。面白いのは、そのユーザーのピンタレスト(Pinterest、写真共有ウェブサービス)のアカウントを登録する箇所もあることだ。そのユーザーがどんな趣味趣向を持っているのかを分析するためである。

おすすめ商品が届く割合は、2~3週に1回、月1回、2ヶ月に1回、3ヶ月に1回などから選ぶことができる。

4 stich fix のAI活用に関しては下記を参考にした。
https://algorithms-tour.stitchfix.com/

5 http://time.com/5264160/stitch-fix-has-one-of-silicon-valleys-few-female-ceos/

まず、これらのデータから、どんなファッションをおすすめするべきかの判断にＡＩが利用されている。

送った服やアクセサリーを気に入ってもらえなければ、その商品は返却されてしまう。だから、このマッチング精度を上げることが重要なのだが、この部分に機械学習が導入されているのだ。

たとえば、「こういう洋服が好き」と言ったユーザーＡさんがいるとする。そのＡさんと嗜好傾向が近いユーザーＢさんがいるとする。この場合、Ｂさんにおすすめしてお買い上げされたスカートは、Ａさんにも好まれる可能性が高いという仮説のもと、Ａさんに同じスカートがおすすめされる。アマゾンやネットフリックスにある「これを買った（観た）人は、これも買って（観て）います」というレコメンド機能にも似た仕組みだ。

アマゾンのＥコマース上の売り上げの大半がこのレコメンド機能からきているといわれているが、アマゾンの場合はユーザーに紐づけるだけではなく、アイテムごとにも紐づけている。

これは、**コラボレイティブ・フィルタリング（似たプロフィールの個人同士を比較検証するプロセス）**と呼ばれる、おすすめ機能でよく使われる機械学習の手法のひとつだ。しかし、スティッチフィックスの場合は、それだけではなく、この手法にいくつものアルゴリズムを組み合わせて、その人の好みに近づけるコーディネートをAIに学習させている。

ここで特筆すべきなのは、ユーザーが能動的に「これが欲しい」と思っていなくても、いざおすすめされて着てみると「案外似合っていたから購入しよう」という現象が起こることだ。

アマゾンでもスティッチフィックスでも、おすすめされたらつい買ってしまう人が多いということがわかる。もしかしたら、あなたが今日アマゾンでポチっと押した商品も、コラボレイティブ・フィルタリングによっておすすめされたものかもしれない。

もはや、**個人の趣味趣向や購買に関する意思決定にまで、AIが影響を及ぼしている**といえるだろう。

最近、TSUTAYAが発表した「TSUTAYA AI」にも、AIが駆使されているそうだ。このサイトでは、個人のツイッターアカウントの情報（誰をフォローしているか、何をツイートしているか、何を「いいね！」したかなど）からその人におすすめの映画20選を見せるサービスを提供している。このサイトにもコラボレイティブ・フィルタリングが使われているかもしれない。

ちなみに知り合いの40代の男性がこのサイトを試したところ、キャメロン・ディアス主演の映画ばかりおすすめされたそうだ。

「僕は実はキャメロンが好きだったのかなあ」とその人は首を傾げていたが、このように、今後はＡＩで商品をおすすめされることによって新しい自分を見つける機会が増えるかもしれない。

ＡＩで新しい基準値を作る

ＡＩが使われているのは、おすすめ機能だけではない。

これは洋服ならではの課題だが、同じサイズＭでも、ユーザーによってＬに近いＭなのか、Ｓに近いＭなのかといった差異がある。また、ブランド側にも、大きめの作りのブランドや、小さめの作りのブランドがある。それもやはり、データを蓄積してAIに学習させていくのだ。これにより、ユーザーに服を送る際に、的確なサイズ感の商品を届けることができる。

この**「人や商品によって基準が違うものを抽出して、社内に新しい基準値を作る」といった「データの標準化」は、とても大事な観点**だといえる。

一時期、ゾゾタウンがゾゾスーツという水玉模様のボディスーツを無料配布してユーザーに装着させ、ユーザーの身体データを集めていた。あれも一種のサイズデータの標準化のための行為だったと考えられる。

さらにいうと、ユーザーが使用したキーワードに反応する自然言語処理技術も利用されている。

たとえばユーザーがスタイリストに対してEメールやオンラインフォームなどで「ウェディングで着る服を探している」と発言していた場合、このウェディングという言葉を抽出して、ウェディングアイテムをおすすめするといった機能を開発しているのだ。

ＡＩの判断をスタイリストに検証させる

さて、スティッチフィックスの仕組みの面白いところは、このＡＩでおすすめされたファッションが本当に良いかどうかの最終判断を、スタイリストがしているところだろう。プロのスタイリストの目でＡＩが選んだ商品を確かめてから、最終的に発送する商品を決めるのだ。

これを開発者目線でいうと、ＡＩで行なった判断（出力したもの＝おすすめ商品）を人間に検証させていることになる。ＡＩで選ばれた商品のうち、プロのスタイリストはどれを採用してどれを却下したかのデータが蓄積され、さらに学習を繰り返していく。

加えて、商品がユーザーから返品されるか購入されるかのデータも蓄積される。そういったデータが増えれば増えるほど、商品とユーザーのマッチングの精度があがっていくのだ。これをＡＩビジネスの現場では**「フィードバックループ」**と呼び、ＡＩの精度を高めるために必要不可欠なステップだ。（図６）

図6　フィードバックループのしくみ

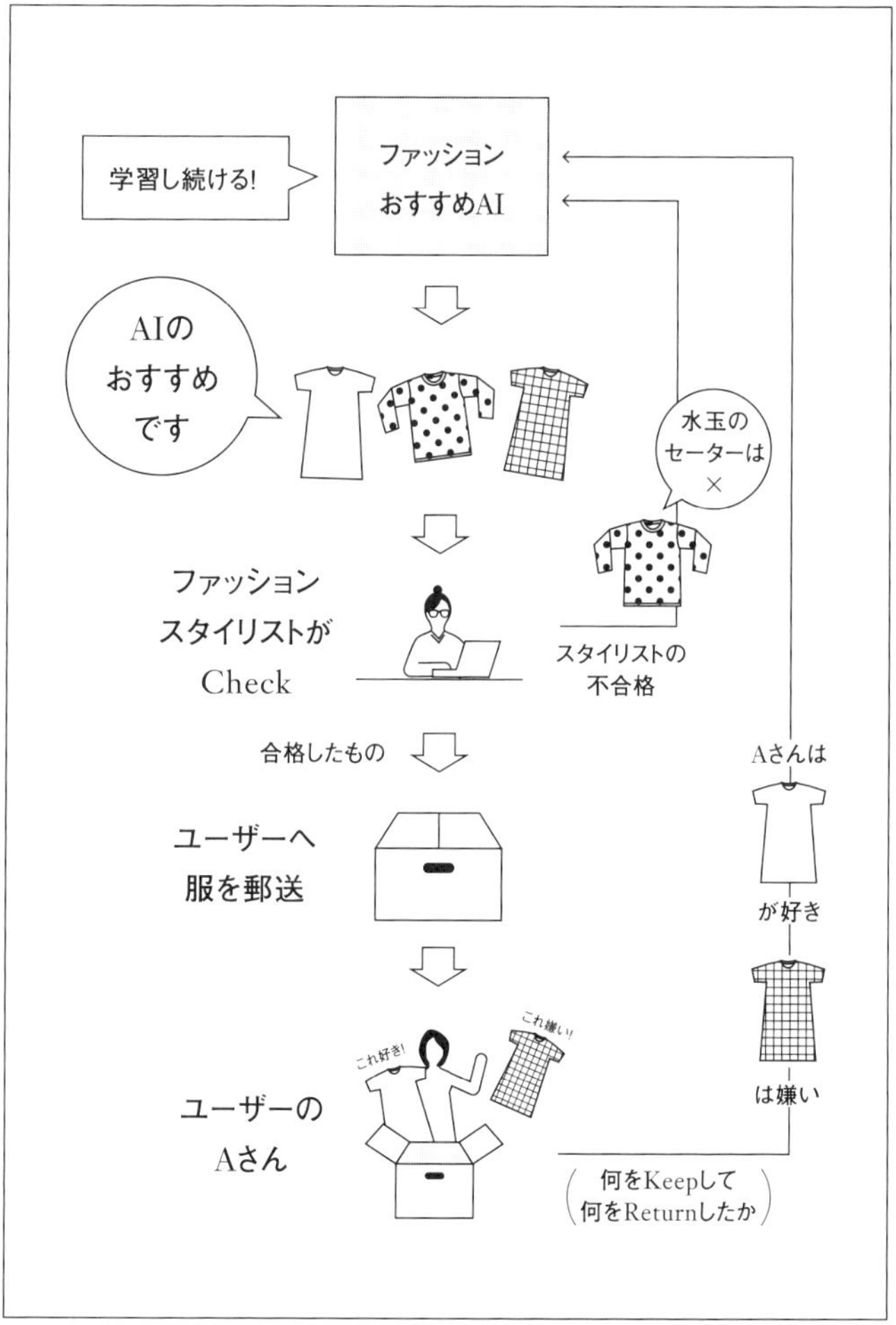

私もグーグル本社でシニアストラテジストとしてＡＩプロジェクトに携わっていたとき、スティッチフィックス社のスタイリストのような仕事（ＡＩの評価検証）をしていたことがある。自分が教えれば教えるほど次の日に精度が高くなっていったり、逆に思ったように精度が伸びなかったりして、毎日頭を悩ませていたことを思い出す。

発送する商品には、スタイリストの手書きのコメントがつけられる。そこにはこのワンピースはこんなシーンで使ってほしいといった提案や、今まで買った服とのコーディネートのアドバイスなども添えられているのが面白い。

ここで、ＡＩではなく、スタイリストの「自筆」を重要視しているところも特徴的である。ＡＩとプロのスタイリストが、それぞれ得意な領域で顧客への提案を行なっているのだ。

人間同士のやりとりから、ＡＩではカバーできない情報を聞き出すのも、スタイリストの大事な仕事だという。たとえば、こんな話を聞いたことがある。

産後の女性が、将来体重が減ることを予想して、現在の体重とは違うけれどスリムなジーンズをスティッチフィックスで購入するような場合。こういうときにスタイリストは、その女性から「今、産後ダイエット中なので」と伝えられたりする。これは、スタイリストが自筆で提案を行なうからこそ、得られる情報とも言える。

そのような場合、スタイリストは、その小さいサイズのジーンズをアルゴリズムが現在のサイズと間違わないように（その女性の現在のプロファイルデータの一部として学習しないように）あえて学習データから外すということを行なっているそうだ。

こうしたユーザーとのやりとり、作業のひとつひとつが、機械学習の精度を上げていく。

ＡＩでトレンドを予測する

ＡＩとスタイリストの組み合わせで行なっているのは、おすすめ商品を決定することだけではない。もうひとつ大事なのは、トレンドを予測することだ。

たとえば次の夏シーズンにキャミソールが売れるということがわかっていたら、その3ヶ月前にはキャミソールを確保して在庫を持つ必要がある。同じキャミソールといっても、その形や首元の空き具合、色にもトレンドがある。そういう流行を細かく予想するときにも、ＡＩとスタイリストがそれぞれ活躍する。

具体的には、遺伝的アルゴリズムという手法を用いてファッションのトレンドをデータサイエンティストが予測している。

これは遺伝学の考えを使った考え方で、たとえば、長い袖より短い袖のほうが最近はユーザーのコメント数や評価が高いという情報があれば、子どもや孫の代に残すべき遺伝子として、「短い袖」を残す、というようにプログラミングできる。（図7）[6]

同時に、突然変異（ミューテーション）を起こしながら、今までにないデザインを作り出すこともできる。そして最終的にはプロスタイリストの感覚的判断で検証をする。そして、その検証をAIでさらに学習する仕組みを回しているという。

図7　データサイエンティストがファッションのトレンドを予測する?!

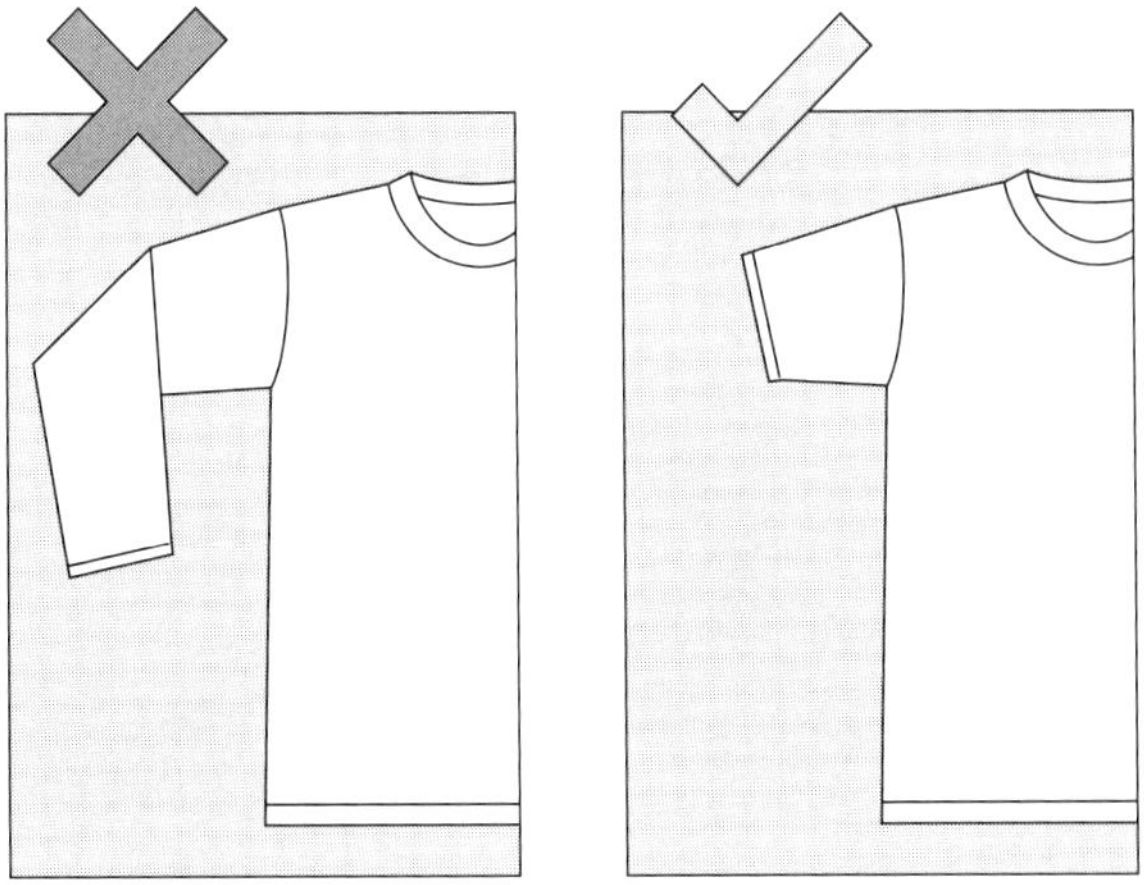

配送の最適化にもAIが使われる

配送の最適化にもAIが使われている。[7]

ユーザーAさんが、こういう商品が好きそうだという仮説がたったら、次はそれをどこの倉庫から発送するのがいいか、AIに計算させる。

現在、スティッチフィックスの倉庫はアメリカ全土に6カ所ある。しかし、単純に近い距離の倉庫から商品を発送すればよいかというと、そうではないのがポイントだ。

どの倉庫にそのユーザーに適した商品（たとえばトップス2枚、ボトム2枚、ワンピース1枚）があるか、その商品が今週どの場所からどれくらい発注されそうかといった予想データと運賃コストを掛け合わせ、最終的な発送元を計算する。

これだけであれば「なるほど」で終わってしまうかもしれないこの話には、実は続きがある。

同社のデータサイエンティスト、エリック・コルソンの講演で聞いた話だが、今でこそ、

6 https://multithreaded.stitchfix.com/blog/2016/07/14/data-driven-fashion-design/
7 https://algorithms-tour.stitchfix.com/

アメリカの各所にある倉庫から商品発送をしているスティッチフィックスも、まだ規模が小さいときは、東海岸と西海岸にひとつずつ、計2つの倉庫しか持っていなかったそうだ。その頃は、このユーザーは西側に近いから西海岸から送ろうといったような、単純な二者択一のアルゴリズムを作っていたという。

ところが、スティッチフィックスの人気が出るにしたがって、一気に倉庫の数が増え、アルゴリズムをゼロから作り直さなくてはいけなくなったのだとか。

もし最初からデータサイエンティストが経営会議に参加していれば、今後、倉庫が増えたときに備えた汎用性のあるモデルを作っていたはずである。

このときの教訓をもって、スティッチフィックスではすべての意思決定の場に、必ずデータサイエンティストが参加するようにしているそうだ。

現在、シリコンバレーのAIビジネス現場では、**「すべての経営会議にデータサイエンティストが参加するべきである」**と言われている。これは、これからのAIビジネスの基本的な考え方になるだろう。

商品のピックアップもAIで管理

どの倉庫から商品を発送するかが決まったら、最後には、その商品を段ボール詰めする作業が残る。

倉庫がいくつもある中で、どの倉庫からどのアイテムをピックアップすれば、最短距離で効率よく段ボールに商品を詰めることができるのか。ここもAIで管理されている。[8] 広大な土地にある倉庫では、移動距離が長くなるほどコストが発生する。それを最小限に抑えるルートをAIで導き出すのだ。

ただし、単に売れ筋の商品を入り口近くに置けばいいといった単純な話ではない。同じ場所に作業員のフォークリフトが集まると渋滞する、フォークリフトがこちらの方向にしか回らないなどといった、数値だけでは見えない課題がいろいろあるので、**現場を確認してプログラムするのは、やはり人間の作業**なのだろう。

先日、グーグルの著名データサイエンティストの講演を聞きに行ったときのことだ。彼

8 https://algorithms-tour.stitchfix.com/

女は、サウスキャロライナ州にある同社のデータセンター内のサーバー棚やエネルギー効率化などを考える機械学習のモデルを考察しているという。

彼女いわく、たとえば「棚を現場の人がどう動かすか」などは、現場のオペレーションがいちばん理解している。そんな現場感を反映させたモデルを作らないといけないと力説していた。現場感を生かしたモデルを作るというのは、言うのは簡単だが、実際には非常に難しい。だからこそ、グーグルのトップレベルのデータサイエンティストがそれをテーマにするのだと感じた。

スティッチフィックスにおいても、実際に商品をピックアップする作業は人間が行なう。箱の中を覗《のぞ》いて色やサイズを確認して取り出したり、積み重なった段ボールの2段目や3段目から商品を抜き出したりといった作業は、ロボットではまかなえない動作だからだ。

アマゾンが作ったディープレンズというディープランニング搭載のカメラがあり、それを使うと自動検品ができるかもしれないが、すべてを自動化するのはまだ無理のようだ。

顧客中心主義を実現できるのはデータサイエンスの力

ここまで紹介してきたスティッチフィックスの話は、単なるファッション業界の話でも、Ｅコマースの話でもない。

アメリカ、とりわけシリコンバレーでは、スティッチフィックスの話は「顧客中心主義」を達成したいすべてのビジネスに当てはまる話だと捉えられている。

ＣＥＯのカトリーナ・レイク氏（ハーバードビジネススクールの私の後輩）は、アメリカの女性起業家で最も若くしてＩＰＯした起業家だ。彼女はインタビューで以下のように述べている。

「小売業界にとって顧客中心主義は、今後いちばんの優先事項になるでしょう。大手の小売はレガシーシステム（複雑な基幹システム）を使っているため、ＡＩ機能搭載などの変更が非常に難しい状態です。しかし、小売業者にとって時間の猶予はなくなってきていま す。今投資しないと手遅れになります。スティッチフィックスがデータサイエンスを使ってここまで顧客中心主義のサービスを提供できたことを、小売業界全体が学び、今その変化を起こすときなのです[9]」

全米大手百貨店シアーズは、2018年秋に倒産した。また、マンハッタンの街を歩いていると、数年前まであった街角の小さな家族経営の店がなくなり、来るたびに違うお店になっていることに気づく。

理由はさまざまあるだろうが、「顧客第一主義」を貫くアマゾンの業績がずっと右肩上がりであることと対照的な現状を考えると、今後ユーザーに商品を売りたい企業にとって「顧客中心主義」がより一層求められてくることは確実だ。

そしてその「顧客中心主義」を実現するためのパワフルなツール、それこそがデータサイエンスであり、データサイエンスの力で作るさまざまなＡＩだということが、スティッチフィックスの例でおわかりいただけたのではないかと思う。

すべての仕事がＡＩに置きかわるわけではない

ＡＩが私たちの仕事にどのように活用されているか、具体的にイメージいただけただろうか。特にこのスティッチフィックスの事例で紹介した、顧客と商品のマッチング（顧客マーケティング）や、物流などの分野では、今後ＡＩの活用はどんどん進んでいくと考えられている。

一方で、お気づきになっただろうが、ＡＩに取って代わられない仕事も存在する。

ここでいうと、ＡＩを検証し、学習トレーニングをするスタイリストの役目がそれにあたる。また、そもそもＡＩのプログラミングを考えるデータサイエンティストや、仕事上の課題を発見し、どこにＡＩを配置すべきかを考える仕事（これがＡＩビジネスデザイナーの仕事である）は、この先も人間がすべき仕事といえるだろう。

9 https://www.ftccc.net/news/2018/1/26/stitch-fix-ceo-katrina-lake-predicts-ais-impact-on-fashion

POINT

- ビジネスのあらゆるシーンでＡＩの活用が進んでいる
- ＡＩは「顧客中心主義」を実現するための強力なツールである

AIと人間の協働スキームをつくる

コンピュータが得意なこと、人間が得意なこと

アクセンチュアのCTO兼CIO（チーフイノベーションオフィサー）であるポール・R・ドーアティ氏は、H・ジェームズ・ウィルソン氏との共著『HUMAN＋MACHINE』で以下のように述べている。

「人が得意とすることはコンピュータにとって非常に難しく、コンピュータが得意なことは人にとって難しいことが多い。仕事を奪い合う敵ではなく、人とコンピュータがそれぞれの強みを生かすチームメートになれれば、企業のパフォーマンスが最大化するだろう」

そして、そのチームメートとしての役割分担は、図8のようになると言う。

左側のタスクは、人間が得意とする行為。ここには、指揮をとること、共感すること、そして判断することが挙げられている。

右側のタスクは、コンピュータが得意とする行為。繰り返すこと、処理すること、予測することなどだ。

そして中央の部分が、**人とコンピュータ（AI）が協働することでビジネスのパフォーマンスが上がる「コア領域」**。そこには、教えること、説明すること、対話することのほか、拡大すること、具体的に表現したり肉体化することなどが含まれる。

多くの企業は、この中央のコア領域でまだAIを活用しきれていないと感じる。

とはいえ、現在の日本では、ほとんどの企業が右側のタスクをRPA（ロボティック・プロセス・オートメーション）で自動化したり、省人化することに明け暮れている段階だ。

確かに右側のタスクを大量の人を雇って現在も行なっているとしたら時代遅れは否めないし、企業のAI化を中央のコア領域から行なうことは難しいというのもわかる。

図8　AIと人間の協働スキームをつくる

AIが得意な仕事と人間が得意な仕事を融合させた
プロセスを独自に持つ会社が今後は勝つ!

HUMAN ONLY	HUMAN + MACHINE HYBRID	MACHINE ONLY
指揮をとる	人がAIに教える	繰り返す
共感する	AIの説明をする	処理する
判断する	AIと対話する	予測する

参考:"HUMAN + MACHINE" by Paul R. Daugherty and James Wilson

だから現実的な路線として、まだＡＩ導入を全くしていない企業の経営者は、右側のタスクからシンプルなＡＩを導入し、効率化や省人化のビジネスインパクトが比較的すぐに見える分野で実験を行なうべきだろう。

テスラの自動運転は、人とＡＩの協働で進化する

しかし、一歩進んで、今後ＡＩがインフラになる中で本当の競合優位性は、この中央部分のタスクをいかにＡＩと人間で協働化できるかにかかっている。つまりポール氏が言うところの**「人間＋マシン＝スーパーパワー」を生み出すことができる企業が勝ち残ることができる。**私はその最もわかりやすい例が自動運転だと考えている。

先日、友人のテスラに乗っていたときのことだ。最新のＯＴＡ（オーバーザエアー＝Ｗｉ－Ｆｉを経由して、という意味）アップデートで、ついに高速道路をすべて自動運転で走れるようになったというので同乗したのだ（シリコンバレーでは街中にテスラが溢《あふ》れている）。

あらかじめナビに行き先の住所を入れておくと、高速道路に乗ってから正しい出口で降りるまで、合流や車線変更含めてすべて自動でできる。車線変更の場合、ウィンカーは人間が出して、車線変更作業はＡＩが行なうという具合だ。

面白いのが、合流のところで人間らしい判断がまだできないこと。たとえば、人間であれば、もし後ろから大きなトラックが来ていたら譲ろうとか、怖そうな人が運転していたら譲ろうといったさまざまな判断基準があるが、テスラのＡＩはそこまで追いついていないため、合流できそうだと判断したら（センサー上周りに車がいなければ）合流を試みるし、それでダメならいつまでも同じ車線に残ってしまう。そうなった場合、人間がハンドルを握ってあげて運転することになる。

まさしく人とＡＩの協働作業だと思って様子を見ていた。友人曰く、「自動運転機能を使えば使うほどＡＩも賢くなると思うから、積極的に使うようにしているよ」ということであった。

また、このＯＴＡアップデートの機能も興味深いので紹介しておこう。テスラのいろいろな自動運転関連の機能は常に改善がなされていて、、私たちが寝ている間に、ＯＳが定期的にＯＴＡでアップデートされる。まさしく、アイフォンのＯＳをアップデートするのと同じ要領だ。

つい先日までは高速道路の合流や正しい出口で降りることはできていなかったと思うと、テスラの自動運転機能の改善サイクルの速さは車メーカーというよりも、ソフトウェアの会社のように感じた。

運転手とＡＩが協業作業でどんどん自動運転することで賢くなり続ける、ハイブリッドスキームの良い例ではないだろうか。

POINT

■これからの企業の優位性は、
ＡＩと人間の協働化をいかにうまく進められるかにかかっている

ＡＩはビジネスモデルを変える

ＡＩとＡＲ技術で「試し塗り」が可能に

ＡＩが身近な存在としてイメージできたところで、最近のＡＩビジネスの事例をご紹介していく。いくつかの事例を見ていただくことで、「ＡＩビジネスとは何なのか？」「私たちの生活はＡＩによってどう変わるのか？」が徐々にわかってくるだろう。

ＡＩが導入されると、それまでの業界のビジネスモデルががらりと変わることもある。ひとつ事例を紹介したい。

セフォラという化粧品のセレクトショップがある。日本でいうと、デパートの一階の化粧品売り場だけを店舗にした感じだろうか。私も大好きなショップで、街で見かけるとついつい足を運んでしまう。ほとんどの化粧品ブランドの商品が取り扱われており、またセフォラ自身がプライベートブランドも安く売っていて、見ていて飽きない。

セフォラはもともとリアル店舗での販売を行なっていたのだが、2017年、AIとAR技術（拡張現実）を融合させた化粧品シミュレーターのスマートフォンアプリを開発し、売上を80パーセントも上げることに成功した。[10]

ここで使われているAIとAR技術は、自分の顔に好きな化粧品を塗ることができるというものだ。

まずは自分の顔をウェブサイトかスマホアプリのカメラに映し出す。そこで使ってみたい口紅を選ぶと、画面上の唇の上にその口紅の色が塗られるといった仕組みだ。ユーザーはその画像を見て、その口紅の色が自分に似合うかどうかを判断する。Eコマースに紐づいているので、気に入った商品は、そのアプリ上でワンクリックで買うこともできる。

一度使ってみるとわかるのだが、このアプリ、かなり精巧にできていて、私の3歳の子どももこのアプリで「変身」するのが大好きなほどだ。

このサービスでは、AR技術によって肌の診断と化粧のシミュレーションが可能になっている。また、AI技術によって、リアルタイムでユーザーの唇や目の形、輪郭、各パーツの位置、肌の質感、さらにはシワやシミまでを感知しているそうだ。その本人の顔データと、機械学習済みの人の顔を比較・解析して、化粧後の顔をWeb／アプリに写し出しているという仕組みである。

このサービスで特筆すべきは、**これまでの化粧品販売の最大の課題、つまり「試せない」ことを解決したところ**だろう。

もちろん、店舗にいけば、いくつかの商品を試すことができる。しかし実際のところ、女性にとっては、誰が使ったかわからない口紅を自分にのせるのは抵抗がある。だからといって、手の甲に口紅をのせてみても唇にのせたときの発色がわかるわけでもないし、一度に10本も20本も口紅を試すわけにもいかない。

結局、試さないままパッケージやCMのイメージだけで買って失敗してきた化粧品購入事情を、AIとAR技術で変えてしまったのが、このサービスなのだ。

10 https://www.racked.com/2017/5/2/15388568/beauty-apps-sales-makeup

イノベーションは顧客の課題解決から生まれる

このセフォラのサービスは、サンフランシスコのオープンイノベーションセンターで生まれた。

セフォラは化粧品業界の企業としては珍しく、サンフランシスコに本社を置いている。そして、この地のオープンイノベーションセンターを「消費者に化粧品情報を届けるための技術を発掘するための研究室とする」と、明確に位置づけしている。

ここで紹介したセフォラの技術は、モディフェイスというスタンフォード大学発のベンチャー企業との協業で生まれた。

私がこのセフォラのサービスを紹介したのは、**AIビジネスとは、単にAIを導入するだけではない**ということを伝えたかったからだ。

これまでも、化粧品そのものにAIを導入した商品は開発されてきた。たとえば、その日の天候や本人の肌測定データを元に、その時々の肌環境に合わせたスキンケア商品を組み合わせる商品なども発売されている。もちろん、そのようなＡＩの活用法自体は素晴らしい試みだと感じている。

しかし、**ＡＩを使って、それまで解決できなかった課題を解決することができれば、それはより大きなビジネスインパクトになる。**

セフォラの場合は、「化粧品を試せない」という長年のユーザーの課題をＡＩで解決することで、化粧品業界のビジネスモデルすら変えてしまったのだ。

ここからわかることは、いくつかあるだろう。

まず、**ＡＩビジネスを考えるときは、ニーズや課題を抽出する必要がある**ということ。

そして、その**ニーズや課題解決にＡＩが寄与できるとなると、新しいビジネスモデルが生まれ、イノベーションが起こる**ということだ。

数年前に日本で大きく報道されていた、ロボット化された無人レジという壮大な「モノ」を導入したコンビニがその普及に失敗したことと、財布を取り出さなくてよい、列に並ばないでよい、という顧客の長年の課題を「コト」として解決したアマゾンＧｏの対比を見ればわかってもらえるかと思うが、日本のＡＩビジネスは、とかく最終ゴールがプロダクトアウトの「モノづくり」になりやすいと感じる。

しかし、このセフォラの成功は、化粧品という「モノ」を作ったのではなく、化粧品情報に対する課題解決という「コト」を生み出したところにある。

セフォラの事例は、まさにビジネスモデルイノベーションであるし、これからのＡＩビジネスのあり方を象徴していると感じる。

日本企業に今求められているのは、ビジネスモデルの変革

もう少し、新しいビジネスモデルについて深掘りしたい。

最近日本では、サブスクリプションビジネスが広がっている。

これまではサブスクリプションモデルといえば、スポティファイやネットフリックス、ニュースサイトなどのデジタルコンテンツやＳａａＳなどのソフトウェアが主流マーケットだった。

しかし、今は有形のもの、たとえば月額料金を徴収してブランドバッグや洋服が借り放題のサービスや車乗り放題のサービスなどが登場している。

この話は単なるサブスクリプションというモデルが今後の勝ちモデルという単純な話ではない。ＡＩを活用しながら、新しいビジネスモデルを生み出す。つまり、ビジネスモデルイノベーションに成功する企業が増えてきている現象だと私は考えている。

そして、このビジネスモデルイノベーションこそ、今の日本企業に求められていることでもある。いくつか事例をあげて、そのことを説明したい。

ＡＩビジネスは、どこで収益を得ればいいか

先日、ある日本の大手メーカーの方とお話ししていたときのこと。子ども向け商品を売るメーカーとして老舗の企業だが、それゆえに、商品開発→生産→小売販売のビジネスモデルから脱却することに対して苦労しているようだった。

この企業では、ＡＩ機能を搭載した高齢者向けの会話ができるぬいぐるみの製作を考えていた。アレクサのように会話できる商品を開発したいとのこと。

アレクサのように会話をするぬいぐるみとなると、そのぬいぐるみにＡＩを実装しなくてはならない。ところが、話を伺っているうちに、そのＡＩを走らせるためのランニングコストを上乗せすると、ぬいぐるみとしては高くて売れないということがわかってきたのだ。

これは**ＡＩビジネスで陥りやすい罠《わな》**といえるだろう。

今までのままの「ぬいぐるみを買ってもらう」というビジネスモデルだと、１０００円の値づけで利益を出さなくてはならないと考えてしまう。しかしその値づけをしてしまうと、ＡＩのランニングコストが捻出できない。

そこで私は「それではＡＩサービスフィーとして商品を購入したユーザーから月額料金を徴収するのはどうですか」と提案した。

そうでなければ、「売れ筋のぬいぐるみのコストで作れるレベルのＡＩを搭載する」といった、本末転倒の考え方をしてしまうことになるからだ。

ＡＩビジネスを成功させるためには、これまでのビジネスモデルを変えなくてはならないという一例である。

この場合はぬいぐるみだが、このような話は枚挙にいとまがない。

社内でビジネスアイデアを出し合ったりするけれど、結局のところユニットエコノミクス（顧客一人あたりの平均経済性）で見てみると利益が出なくて、せっかく作って納品しても収支が合わないといったようなことが、多くの会社で起こっている。

これを打破するためには、先ほど話したビジネスモデルイノベーションが必要なのである。

カメラの概念を変えたセキュリティサービス

ビジネスイノベーションに成功したアメリカのスタートアップの事例を紹介しよう。

ブランドバッグや車など有形のものを借り放題のサービスがサブスクリプションに適している理由は、基本的にはデジタルコンテンツ見放題のサブスクリプションモデルと同じ原理である。

しかし、シリコンバレーの家電スタートアップ、ライトハウスは、カメラを買ってもらい、なおかつＡＩ機能を使い続けたいユーザーからは「ＡＩサービス料」を徴収するというモデルを提供することで、今までサブスクリプションモデルは考えられないとされていた家電業界でビジネスモデルの変革を起こした。

この商品の特徴は、家の中に置かれたカメラレンズに映った出来事を、機械学習モデルを使って、自然言語で検索、抽出するところにある。利用者は、家の外にいても、家の中で何が起こっているかをアプリで確認できる。

たとえば、私が出張先からライトハウスアプリを見て、「昨日子どもたちが何をしていたか見せて」と頼むと、昨日の子どもたちのスナップショットの映像のみを抽出して的確に見せてくれるといった具合だ。今、この原稿を書いているときもリアルタイムで子どもたちが部屋で遊んでいる姿を見ることができて、とても安心する。

しかし、そのような「誰が私の子どもなのか」「私がいない間はいつなのか」というような認識を行なうためには、常に学習しつづけるＡＩ機能が不可欠となる。そこで、このようなサービスが欲しいユーザーからのみ月額料金を徴収しているというわけだ。

このライトハウスの利用者は、299ドルのカメラ購入費のほかに、毎月10ドルのAI使用料（またはプラス200ドルの永久AI使用料）を支払わなくてはならない。つまり、この会社は、カメラという「モノ」を販売しただけではなく、カメラに搭載したAIシステムを使ってユーザーが見たい映像を取得するという「コト」も販売したことになる。

私がライトハウスのカメラとAIサービスを使い続けて気がついたのは、私が購入したのはスマートカメラという「モノ」だけではなく、そこから得られるさまざまな「コト」（体験）だったということだ。私の場合でいうと、このスマートカメラから、いつでも子どもたちの姿を見られる「安心」を購入したことになる。

ビジネスモデルイノベーションを起こすためには、「サブスクリプションモデルにするか」「広告モデルにするか」などの「どのように収益を出すか」といった選択以外にも、もう少しマクロな視点で考える必要がありそうだ。

具体的にいうと、**業界全体のバリューチェーン上の「どこで戦うか」**、**ビジネスモデルを「どのように変えていくか」**という発想も大事になるだろう。

「借りる」と「所有する」の境目をなくすビジネスモデル

アメリカではこんなビジネスモデルも生まれた。

アメリカでは、リーマンショック以降住宅ローンを借りるための審査が厳しくなり、同時に都市部の不動産価格が急上昇している。購入に必要な頭金も上昇し、賃貸物件に住んでいる人たちが家を買う夢は遠のいていた。

たとえば私が住むサンフランシスコエリアの不動産価格は、中間値で130万ドル（1億6000万円）だが、それなりの物件になると200万ドル（2億2000万円）する。頭金はだいたい3000万円相当になり、その後は30年間毎月100万円相当の住宅ローンの支払いが待っていることになる。若い人たちは、給料をやりくりして賃料を払いながら、なんとか将来の頭金をためている状況だ。

そこでディビー(Divvy)という会社が、購入選択権付き賃貸を発売した。不動産購入者は、不動産価格の2パーセントを頭金としてディビーに支払い、ディビーが代わりに住宅を購入する。その後はその購入者に3年間をリース期間として貸し出すといったモデルだ。

購入者は、家賃に加えてメンテナンス費用などを毎月払いながら3年間のリース期間を過ごし、時間の経過とともに不動産の所有権を徐々に増やしていくことができる。ディビーはこれを「段階的住宅所有プログラム」と呼び、今まで家を購入できなかった層にアプローチをかけている。

ディビーのようなスタートアップが登場したことで、不動産売買のあり方や、不動産を「所有」するという概念自体も変わろうとしている。

アメリカには不動産仲介業を営むブローカーが約200万人もいるといわれている。[11] その仲介業者たちが不動産を「売る」という定義を変えるだけで、新たなビジネスチャンスが生まれる可能性が出てくるわけだ。このディビーが、フェイスブックやエアビーアンドビー(Airbnb)の投資家としてシリコンバレーで一番有名なベンチャーキャピタルであるアンドリーセン・ホロウィッツから投資を得ることに成功したのも納得である。

ディビーのような新しいビジネスモデルの話を聞くと、借りることと所有することの垣根が徐々になくなっていく時代の変化を感じる。

11 https://a16z.com/2018/10/09/divvy/

日本でも、若者を中心にモノを所有しなくなった人が増えたとよく聞くが、ＡＩの導入をきっかけに、ビジネスモデルのイノベーションはまだまだ起こりそうだ。

新しい課題を解決するには、新しいビジネスモデルが必要

もうひとつ、ビジネスモデル自体を変えた企業の例をあげよう。台湾の半導体メーカー、メディアテックだ。

メディアテックは世界第４位の半導体ファブレス（工場を持たない）メーカーだ。少し古い話ではあるが、ビジネススクールで必ず取り上げられるほど有名な成功物語なので紹介したい。ビジネスモデルイノベーションが近年のデジタル業界でのみ起こった話でないことを理解するのにも大事な事例である。

メディアテックはそれまで、セルフォンモバイルのチップを作る下請けのメーカーであったが、格安スマホの頭脳を担うチップを開発したことで、２０１８年４月〜６月は前年同期比76パーセントの増益収入をあげた。[12]

それまで、携帯のチップを作るメーカーは、ノキアやモトローラに売り込みをし、そこで自分たちの技術を使ってもらうビジネスモデルで動いていた。しかし、このメディアテックは、自分たちのチップを組み立てて携帯電話を作れる設計図を公開したのである。

中国や台湾にはアイフォンやアンドロイドスマホは高すぎて買えない低所得層が多数いる。そういった層に向けて格安携帯を作るメーカーがこぞって、この設計図を採用した。

メディアテックは、キーボードがない携帯の場合、ハンズフリーの携帯の場合……などといくつものカテゴリーに分けてチップや設計図を作り、メーカーとともに携帯電話を開発することで、携帯電話業界の勢力図を一気に塗り替えた。

自分たちが持っているAIを公開することで、受注メーカーではなく、携帯メーカーを支援するメーカーになったといえる。

もう一例。おなじみのネットフリックスも、ビジネスモデルを変えた会社のひとつだ。

ネットフリックスは、もともとサブスクリプションで映画のDVD定期郵送がうまくいっていた会社だった(毎月定額料金を払って、DVD借りたい放題。いつ郵送で返却するかも自由)。日本でいえばTSUTAYAのような立ち位置の会社といえばわかりやすいだろうか。

12 https://www.nikkei.com/article/DGXMZO33645660R30C18A7FFE000/

ところが、顧客の評判も良く利益も上がっていた時代に、「もうＤＶＤ郵送は行なわない」と、一気にストリーミング視聴に切り替えたのである。ビジネスモデルを転換した当初こそファンからの抵抗にあったが、その後の大成功はみなさんご存じのとおり。

ＡＩで新しい技術が生み出された場合、ビジネスモデルや、それまでの業界ルール自体が一気に変わる可能性がある。既存のビジネスモデルの中でＡＩを活用し、コストを回収しようと思うと、視野が狭くなりがちだ。新しい課題を解決するためには、新しいモデルが必要。それを共に作っていくのがＡＩビジネスだといえよう。

POINT

■ 新しい技術で顧客のニーズや課題解決に寄与できれば、大きなビジネスインパクトを生むことができる
■ ＡＩ導入の本質は、ビジネスモデルの変革である
■ ＡＩビジネスを行なう際は、これまでの収益構造を見直す必要がある

Go to Marketの発想で考える

Go to Market戦略とは

AIの導入というと、日本では、あらゆる課題をAIでまかなうとか、AIを開発した企業がすべてを垂直統合で開発すべきなどと考える向きがある。

しかし、それは世界的なトレンドではない。あるイヤホンの事例を通して、日米の考え方の違いを紹介したい。

サンフランシスコのスタートアップ育成機関であるアクセラレーターは、招待された客しか入場できない、「デモ・デイ」と呼ばれるイベントを開催している。スタートアップ企業の創業者たちが、3ヶ月の事業のブラッシュアップの成果を、投資家やマスコミなどに向かってデモンストレーションする場だ。

2018年のある「デモ・デイ」で注目を集めていたのは、脳波を検知するイヤホンだった。イヤホンの先に小さな脳波検知センサーがつけられていて、そのイヤホンで音楽を聴いたりするだけで、センサーを通して脳の情報が集められるというものだ。

このような技術は、IoB（Internet of Brains）と呼ばれている。脳の情報をいろいろなセンサーを通して集めて活用しようとする動きで、現在とても注目を集めている分野でもある。

そのスタートアップの研究によると、人間の脳波は、その周波数の違いで大きく5パターンに分けられるのだそうだ。それを解析していくと、声やジェスチャーを使わなくても「思っただけで」、イヤホンを通して次のアクションを指示してくれることが可能になるのだという。

たとえば、満員電車に乗っているときに「次の曲にいきたいな」と頭の中で考えたら、その瞬間にアイフォンが次の曲に飛ばしてくれるのだ。現在の時点で、そのアクションの正答率は7割を超えているとのことで、会場からは感嘆の声があがっていた。

これらの技術は、「アイフォンの曲を1曲飛ばす」といったユーザーの単純な利便性を上げることにも使えるが、たとえば、体が動かず声が出せないといった難病患者の希望を脳波から読み取ることで、患者のQOLを上げることにも役立つという。

この技術そのものも素晴らしいのだが、私が面白いと思ったのは、そのIoBの精度だけではない。

私が最も注目したのは、その技術を開発した彼が「自分たちはイヤホンのチップだけを作る。イヤホン製作は各ブランドに任せる」と言ったことだった。つまり、自社の技術を相手先のブランドに組み込んで良いとするOEM（再販プログラム）制度をとったのだ。

これはAIビジネスを考えるうえで、とても重要な考え方だと感じる。

つまり、開発した技術を自分たちで独占するのではなく、数多くのOEMメーカーにその技術を使ってもらえば、数多くの人に利用されるようになる。そうすれば、機械学習のためのデータもたくさん集まるので、より精度の高いアルゴリズムが作れるようになるわけだ。

身近な例ではアマゾンエコーのスキルなどもそれに近い。開発に必要なプラットフォームを提供し、それぞれのスキル開発は開発者コミュニティに任せることでエコシステムが一気に広がっている。

このような考え方を、Go to Market戦略と呼ぶ。ＡＩビジネスでは、データやプラットフォーム自体をオープンにして、素早くマーケットに届け、より多くのデータを集められたところが勝機を握る。

アマゾンエコーと並んで日本で人気のグーグルホームは、日本ではアマゾンエコーより発売が半年ほど早かった。

この6ヶ月の差が意味することは、ユーザーが利用するデータを、グーグルがアマゾンより早く集めることができたということ。その分、日本語の音声ＡＩの精度を高めることに着手できた、といわれている。

プロダクトアウトの落とし穴

一方で、同様の課題を解決するために、真逆のアプローチをした例も紹介したい。

日本のあるAIリサーチファームで研究されている新型コミュニケーションシステムがある。まばたきしかできない難病患者の人の脳波を読みとることで患者らの希望を読み解くAIなので、先に紹介したスタートアップと似た課題から研究が進んだことがわかる。ただ大きく違うのは、この技術が、コードが何本もついている「いかにも今脳波をとっています」といった重いヘルメットを利用しなくてはならないこと。

失礼ながら、そのヘルメット写真を見て、「これだけ重そうなものを、一日中つけていなくてはならないなんて、大変そうだな」と感じてしまった。同じように脳波をとるのであれば、いかにも人体実験といったヘルメットよりも、目立たなくて軽いイヤホンのほうがいいに決まっている。

先ほど、**日本人はAIで最終的に「モノづくり」をしようとする傾向がある**と言った。これは、言いかえると「プロダクトアウト」志向が強いということだ。しかし、AIビジネスでは、必ずしもその技術をプロダクトに落とし込むところまで自社で行なう必要はない。なぜなら、その**技術をオープンにすることによって、よりスピーディに、よりセンス良くマーケットに届けてくれるプレイヤーが世の中にたくさんいる**からだ。

これからAIビジネスを考えるうえでは、「自分たちでモノづくりありき」ではなく、まずは使ってもらう。スマートでスピーディなGo to Marketの柔軟な思想を持つことが重要ではないか。

ウーバーの課題解決法

スマートでスピーディなGo to Market戦略といえば、最近ひとつ感動したことがあった。アメリカで自動車配車アプリのウーバー（Uber）を利用したときのことだ。

私はいつもどおり、アイフォンでウーバーを呼び出した。ウーバーは運転手が近

図9　ウーバー（Uber）の課題解決型デザイン

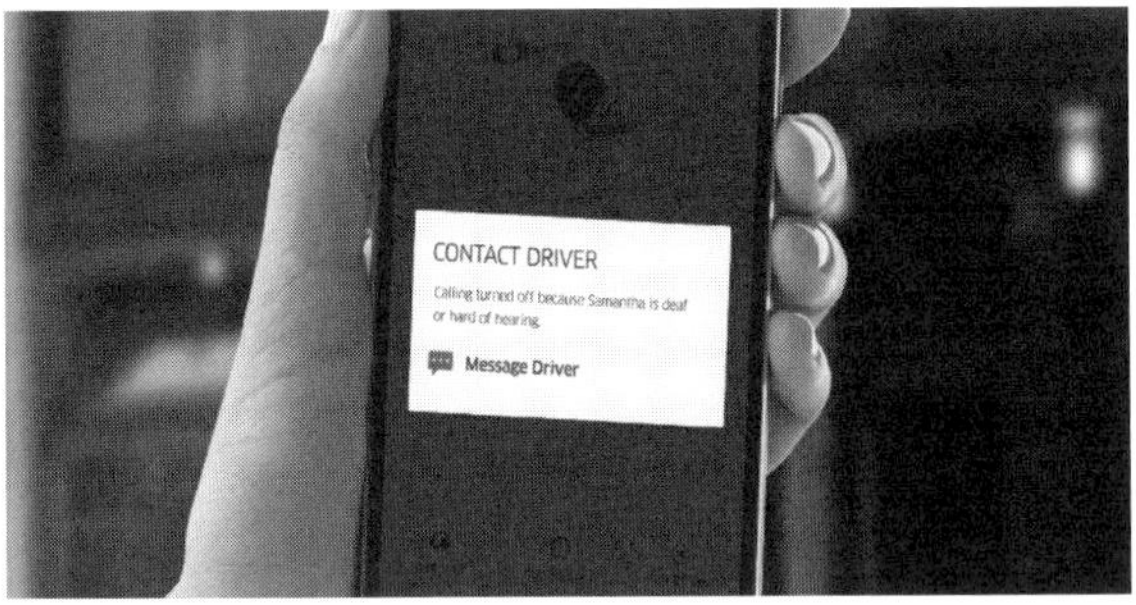

「あなたの運転手は耳が聞こえないので電話でなくテキストでコミュニケーションしてください」と書かれている

出典:https://www.uber.com/newsroom/csd-partnership/

くに来たときにお知らせがくるのだが、そのお知らせに小さな文字で「あなたの運転手は耳が聞こえないので電話ではなくテキストでコミュニケーションしてください」と書いてあったのだ。

これは、とても素晴らしい仕組みだと感じた。車が到着する直前に通知されるので、聴覚障害者の車にのる経験が初めてだとしても、「わざわざ今からチェンジして、また新しい運転手を待つほどではない」という気持ちになるからだ。そして、実際に乗ってみると、耳が聞こえなくても運転には何の問題もないことがわかる。運転手はホワイトボードを持っていて、何か伝えたいことがあるときは、そのホワイトボードを使えばいいのでコミュニケーションに困ることはない。

偏見の壁を取り去るには、まず乗客に経験をさせてしまうのが最も手っ取り早い。しかし、最初に「耳が聞こえないドライバーが行きますがいいですか？」と選択肢を与えてしまうと、ドライバーをチェンジしたいと考える乗客がいるかもしれないから、車が着く直前でアナウンスする。経験した乗客は、聴覚障害を持ったドライバーに対しての偏見を取り除くことができる――とてもよくできた課題解決のデザインだと感動した。

聴覚障害者の不完全雇用率は70パーセントにものぼるそうだが[13]、ウーバーはこうやって

13 https://www.csd.org/about/statistics/

聴覚障害者の雇用を増やしている。

この例のように、**AIを使って課題を解決するために取れる手段は「プロダクトアウト」だけではない**。こういったUX（User Experience、ユーザー体験）をデザインし直すことだけでも、課題を解決できることがあるのだ。これもやはり、これからAIビジネスを考える際に意識しておきたいことだと思ってご紹介した。

皆さんの生活の中に、AIがどのように導入されているのか。今後どんな分野でAI導入が進みそうか、イメージが膨らんだだろうか。

次章では、実際にAIを導入したいと考えた際にすべきことを説明したい。

POINT

- **新しい技術は、公開することで価値が高まる場合も多い**
- **課題解決のためには、必ずしもプロダクトアウトにこだわらなくていい**

第 3 章

AIを導入したい企業がすべきこと

ここからは、実際にAIをビジネスに導入するとなったら、
どのようにプロジェクトを進めればよいのか、
具体的にプロセスを追って見ていこう。
AI導入を考える企業がつまずきやすい
ポイントについても解説したい。

ビッグデータを集めれば　ＡＩを導入できるわけではない

肝入りのＡＩプロジェクトが頓挫した理由

自社にＡＩ導入を考えようという際、ビッグデータが必要と思っている人は多いようだ。しかし、単にビッグデータを集めればいいというわけではない。

２０１７年、ある記事がアメリカのメディアを騒がせた。テキサス大学の癌研究センターが、大手ＩＴ企業のＡＩエンジンを導入し、癌の診断を機械学習で行なう超一大プロジェクトを進めていたのだが、それが４年間の努力の末に頓挫した、と報じられたのだ。[14]

当初は約2億円相当の見積もりで始まったこのプロジェクト、なんと２０１７年時点で約52億円相当にまで膨れ上がってしまっていたというから、世間の驚きや失望は相当なものだった。

そもそも、なぜこのＡＩ導入プロジェクトは頓挫してしまったのだろうか。報道によると、投資判断を下した経営陣が電子カルテ等を管理する現場の仕事を理解していなかったため、何度もデータを取り直してムダな実験を繰り返したことなどが原因のようだ。

この話からわかることは、**やみくもにビッグデータを集めればいいというものではない**ということである。

日本企業の多くは「データ集めなきゃいけない病」

ＡＩの導入を考えている日本企業、とくに一流企業でよく聞かれるのが、

「データを集められるだけ収集しないと、ＡＩの活用はできないのか？」

「分析するのは『ビッグデータ』でないといけないのか？」

「どれだけの量のデータが集まれば、『解析するのに十分だ』といえるのか？」

という質問だ。

14 https://www.healthnewsreview.org/2017/02/md-anderson-cancer-centers-ibm-watson-project-fails-journalism-related/

これらの質問を聞くたびに、多くの日本企業が「データ集めなきゃいけない病」にかかっていると感じる。

ＡＩの活用は、必ずしもビッグデータを集めなくてはいけないわけではない。「まだこれくらいしかデータが溜《た》まっておらず、見てもらうには不十分ではないかと思っている」と相談にみえる企業もあるが、実際に手元にあるデータを見ると、十分面白い解析ができるケースも少なくない。**有効なデータであれば、数百行のリストでもいい**場合もある。

せっかくのデータをゴミデータにしないために

逆に膨大なビッグデータを集めても、そのほとんどがゴミデータ、つまり活用できないデータである場合もある。

以前、ある企業が保有しているビッグデータを拝見したら、その7割ほどが新しい収益モデルを生み出すためには使えないデータだった。解決したい課題と直接的に関係がないデータだったからだ。そして残りの3割の有益なデータも、ラベルづけがされていないなどの理由から、すぐには解析できる状態ではなかった。

「ラベルづけされていない」とはどういうことか。一例を挙げて説明しよう。

たとえば、走行情報から事故を事前に検知してアラートを出す技術を開発したいとする。この場合、走行情報を見て、過去の情報から事故となった情報はどれかを抽出し、その事故データとそれに関連するデータを教師データとして扱う必要がある。

しかし、事故データがどれかが記載されていない場合（これがラベルづけがされていない状態にあたる）、他のデータと組み合わせて、「きっと何月何日のこのデータは事故データだ」と推測するしかなく、教師データとしては使い物にならない。

こういったケースがよく見受けられる。

せっかく時間をかけて集めたデータが活用できないのは、非常にもったいない。そうならないためにも、**どんなデータを集めるべきか、どんなラベルづけをすべきか、というところから、データサイエンティストと話しながらデータ収集をしたほうが効率的だ。**

①もし既にデータがあるならば「自分たちの持っているデータにどんな可能性があるかを自分たちで調べてから……」と遠回りするよりも、そのデータをデータ解析の専門家であるデータサイエンティストにまず見せて、活用価値を見定めてもらったほうがいい。

②もしこれからデータを収集しようとするならば、最初の段階からデータサイエンティストを交え、ゴールを見据えた逆算的なアプローチでデータを収集するほうがいいだろう。

データは「21世紀の石油」

なぜ私が「データの収集や解析は、データサイエンティストにアドバイスをもらうべきだ」と強調するかというと、**日本企業は自社のデータの公開を躊躇《ちゅうちょ》するケースが多い**からだ。

いわく、「企業秘密が筒抜けになる」「競争力が奪われる」「そこに宝の山となるデータが眠っているかもしれないので、まずは自分たちで見える化したい」……といった声をよく聞く。これは、自分たちが持っているデータに対する期待値が高いからこそだろう。

しかし、実際には先ほどの会社のように、活用できないデータであるケースも少なくない。**大量にビッグデータを集めてから、そのデータが「使えなかった」というロスを防ぐためにも、上流工程からデータサイエンティストを活用することが重要だ。**

日本の企業がデータを貴重なもの、他社には公開できない宝の山と考えるのに対して、シリコンバレーの企業では、「公開できるデータは公開してなんぼ」という考えの企業が少なくない。もちろん業界によるが、自社で開発したアルゴリズムより、もっと良いものを作ってくれるデータサイエンティストをコンペで競わせるくらいだ。

キャグル（日本語風にはカグル）というプラットフォームをご存じだろうか。2017年にグーグルに買収された、世界で一番大きなデータサイエンティストのコミュニティを持つバーチャルプラットフォームである。

2017年の買収時点で百万人以上の世界各国のデータサイエンティストが登録をしており、さまざまな企業から提供される機械学習コンペに参加している。中には米国政府機関やツーシグマインベストメント（AI運用で有名なヘッジファンド）、中国版ウーバーとして知られているディディ（滴滴出行）や日本のメルカリなどが自社データを無料公開して、優秀なデータサイエンティストたちにアルゴリズム開発コンペを提供している。一番精度が高いアルゴリズムを作った人には、多いときは日本円で1億5000万円以上の賞金が与えられ、その代わりに企業側は機械学習モデルを成果物として手に入れる。

なぜ、アメリカ政府までもが自分たちの持っているデータをキャグル上に無料公開するのだろうか。これは、**データはあくまでデータに過ぎず、大事なのは、そこから質の高いモデルを作り、それを商品や製品に組み込み、金のなる木に変えることである**ということを理解しているからだ。

アマゾンの元チーフサイエンティストであるアンドレアス・ワイガンド氏は、**「データは『21世紀の石油』と同じ」**と発言している。[15]

これには「データを持つ会社が世界を動かす」といった意味もあるが、石油もデータも**「生のままでは使い物にならない」**といった意味でもあると私は理解している。データは、使える形に処理してこそ価値が生まれるものなのだ。

POINT

■ データをいくら大量に集めても、それが使える状態のものでなければ、ゴミデータも同然
■ どんなデータを集めるべきか、というところから優秀なデータサイエンティストに相談する

15『アマゾノミクス　データ・サイエンティストはこう考える』（文藝春秋、2017）

課題は何か？ データは揃っているか？

症状がわからないのに薬は処方できない

ＡＩの導入を考えるうえで最も重要なポイントについて話したい。

それは、**ＡＩの導入は、「どのコピー機を導入するか、カタログから選ぶ」といった話とは根本的に違う**ということだ。

なぜなら、ＡＩを導入するということは、その企業が抱える課題と、その企業が持つデータ（これから集めるデータでも良い）を元に、どんな解決策があるかを考えることだからだ。

このシステムをあそこにはめ込めばいいといった、単純な話ではない。

特に、私たちの会社の場合、パッケージ型のAIを開発してクライアントに売るというビジネスの形をとらず、顧客のニーズに合わせて手法をデザイン、開発しているため、カタログなども存在しない。

日本企業でAI導入の話をすると、すぐに「見積もりをください」「提案書をください」などと言われる。しかし、会っていきなりのそうした言葉ほど、AIの開発において見当違いなことはない。たとえるならば、問診も検査もしていない医者に対して、薬を出してほしいと言っているようなものだ。

AIを開発し実装するためには、医者と同様、病状の把握と原因の特定、治療法の決定が必要になる。検査をしなければ病気の原因はわからないし、病気がわからなければ治療方針は出せない。そして、治療法が決まらなければ薬や手術費用の見積もりも出せない。

それと同様で、その**企業が持っているデータを検証しないことには、課題解決に向けて最適なAIモデルを考えることができない。提案書も見積もりも作れない**のだ。

だから、AI導入を検討している企業に「つきましては提案書を作ってください」と言われるたびに、「つきましてはデータをいただけますでしょうか」と言いたくなってしまう。
その企業が現在持っているデータが、どんな状態で保存されているのか。ラベルづけがされていて、すぐに使えるデータなのかどうか。そのデータを分析することで、課題解決につながる可能性はどれくらいか。これらを総合的に判断していくのが私たちの仕事だからだ。

極端にいえば、従業員の手書きの日報からデータづくりをしなくてはならない場合と、エクセルに吐き出されているがデータベース化されていない場合と、すでに解析できる言語でデータが揃《そろ》っている場合では、当然見積もりも変わる。

逆にいうと、打ち合わせを1回しただけで見積もりを作ることができる会社は、何を判断基準に見積もりを作っているのだろうか。いつも不思議だ。

ある企業で、こんな話を聞いたことがある。

その企業は店舗ビジネスを行なっており、膨大な顧客データがあった。その顧客データを元に、どの顧客にどのようなアプローチをしたら、一人当たりの売り上げ単価が伸び、来店頻度が高くなるかを知りたいと考えていたそうだ。

その企業は、あるAI実装を請け負う企業の担当者にその課題を伝えたところ、後日提案書をもらい、その会社が解析や開発をすることになった。

ところが、そのプロジェクトが1年後に頓挫してしまったというのだ。

その理由は、「提供された顧客データが、データとして使用できるものではなく、機械学習のモデルを開発することが不可能だった」と説明されたという。

なぜその結論が出るまで1年かかったのか？ もっと早い段階で何かしら臨機応変に対応できたのではないか？ ひょっとしたらこれは、102ページでご紹介したテキサス大学の癌研究センターのニュースと同じ理由なのかもしれない。乗りかかった船だからと、つぎはぎ的にプロジェクトスコープを変えるたびに、プロジェクト予算もどんどん増える。いつかは回収できるはずと思いながら、それがサンクコスト（すでに回収不能となっている埋没費用）とも気づかずにプロジェクトを1年間打ち切ることができなかったのには、技術的な壁だけではなく、心理的な壁もあったのかもしれない。

これは企業にとっても大変不幸なことである。何千万円（億単位もありうる）という大金をドブに捨てたことも、1年かけたプロジェクトが頓挫したこと自体ももちろん不幸だが、この経験によって「ＡＩ導入なんてしないほうがいい」といった議論が社内に起こり、結果的に時代に取り残されてしまうことが、いちばん不幸である。

なぜこういった不幸な頓挫が起こったのかというと、事前にデータがどのような状態かを見ないまま、提案書や見積もりを作っているからだ。もっと言うと、データの状態を把握しないままプロジェクトに着手してしまったことに最大の問題があったわけだ。

しかし一方で、提案書を書かなくてはならないとなれば、時間をかけてデータを精査し、ヒアリングをしなければならない。その精査をした結果、相見積もりを取られて「依頼しないことになった」と言われたら、リソースを費やした企業はただ働きになってしまうというＡＩ実装企業側の事情もある。

この課題を解決するために、私たちの会社では事前の「ＡＩ診断」を行なっている。

具体的には、一部のサンプルデータをもらい、そのサンプルデータを解析することで、課題解決に対してどのようなアプローチが可能かを見極め、どのようなアプローチが有効と考えられるかを提案するものだ。企業にはその診断をもとに、本当にＡＩの開発と導入を行うかどうかを判断してもらう。

必ずしも我々の手法がベストだと言うつもりはない。しかし、AIの導入を考えている企業にとって参考になる部分もあると思うので、ある企業からの依頼を例にあげ、そのプロセスを公開しよう。

サンプルデータから何が診断できるのか

その企業は、サブスクリプション型のサイトを運営している。無料でそのサイトの機能を使ってくれた顧客の一部が有料会員になり月額料金を払う。月額料金を払う代わりに、プレミアム機能にアクセスができる。月次収益が大事なKPIのひとつである。

こういったサブスクリプションモデルでは、有料会員の課金が収益の柱になるので、会員の解約防止が大きな課題だ。退会抑止や解約防止のことをチャーン・リダクションもしくはリテンションという。チャーンをいかに下げるかは、マーケターにとって至上命題ともいえる。この本を読んでくださっている読者の方々にも、この課題と日々向き合っている人は多いのではないか。

この会社からＡＩ診断を依頼された。サンプルデータとしてもらったのは、過去３ヶ月分のデータだった。どれだけの期間のデータをもらえば有益な診断ができるかは、事業のビジネスサイクルにもよる。季節によって大きく数字が変動するビジネスであれば、１年分のデータが必要になるかもしれないが、このケースでは３ヶ月分のサンプルデータがあれば、ある程度の傾向分析には十分だと判断した。

私たちは、以下の手順を踏んでＡＩ診断を行なった。

①まず、サンプルデータに、任意のラベルづけをする。
②次に、ラベルづけされたＡとＢのデータにどのような差（この差を「特徴量」と呼ぶ）があるかを探す。
③その特徴量を今後どのようなＡＩ技術で解析、抽出し、課題解決につなげるかのプランを考える。

もう少し具体的に見ていこう。

これが企業の持つデータを分析するプロセスだ

まず①では、会員のうち、過去30日以内に解約した人を解約ユーザー(A)、それ以外を既存アクティブユーザー(B)とラベルづけした。

次に、データを解析し、②の特徴量(つまりAとBの間にある差)を探す段階に入る。今回は、データサイエンティストがある程度の仮説を立てて特徴量の特定に臨んだ。

このケースでは、サイトへの流入経路よりは、滞在時間やサイト上での行動(クリック数、検索数など)に着目する方が課題解決に近づくのではないかといった仮説が立つだろう。その仮説を元に、さまざまな切り口でデータを見ていくと、A(解約ユーザー)の特徴や、AとBで差がつく特徴量が浮かび上がってきた。

たとえば、このサイトでは有料サービスへの入会後、何日で、どのくらいのユーザーが退会するかという詳細が判明した。また、クリックや保存などの行動の平均値を調べたときにはAとBグループの両者に差は出なかったが、最初の数日間でどのくらい行動したかを調べると、既存アクティブユーザーと解約ユーザーの間には何倍もの差があることがわかった。

このように、ＡとＢの差を探す切り口は無限にある。その**無限の切り口の中から、課題解決に効く特徴量を見つけ出し、どんなデータ活用の方法があるのかを見極めるのが、データサイエンティストの腕の見せどころだ。**パロアルトインサイトでこのような「データセンス」の高いエンジニアを常に探しているのも、それが理由だ。

ちなみに、このケースではデータサイエンティストが仮説を立ててから特徴量の抽出を行なったが、仮説を立てられないほど莫大なデータ量がある場合は、ＡＩにすべてのデータを読み込ませて、大きな差があった項目を抽出する手法もある。

③この特徴量をもとに、私たちはまず、1ヶ月以内の解約者、次に1週間以内の解約者のデータをＡＩモデルで予測し、最終的には1日、そして、分単位で解約者の特徴を分析し、「数分後にこのユーザーが解約する可能性が何パーセントなのか」を算出するＡＩモデルを提案した。

ここまで掘り下げてはじめてこの提案を実装した場合の投資対効果を出すことができる。

これは補足だが、数分後に解約する可能性の高い顧客を特定できたとして、そのユーザーに対してどのような打ち手を考えるのかは、次の段階になる。

たとえば、数分後に解約する可能性の高いユーザーに対して、ポップアップで「こんな機能もあります」と知らせるのか、それとも「わからないことがあればオンラインですぐに質問できます」と知らせるのか、はたまた営業担当者が電話をかけるのか（この場合1週間前には電話をかけておきたいだろうから、数分後に解約する可能性の高い顧客データではなく、1週間後に解約する可能性が高い顧客データが必要だ）、その施策を考える必要があるだろう。

それらの施策をABテスト（ユーザーA群にはAの施策を行ない、ユーザーB群にはBの施策を行ない、どちらが有効かを計測する方法）し、**最終的には、どういった打ち手をするのかまで落とし込む必要がある。**

また、1ヶ月→1週間→1日→数分と段階を追って提案した理由も説明しておこう。AI導入は、まず大きな面で課題をカバーし、それが有効だとわかったところで、さらに細かいデータを採ることにしたほうが、コスト的にも時間的にもロスが防げるからだ。

仮に30日以内の退会者データを分析し、30日以内に退会する可能性が高い人に対して何らかの打ち手を行なった場合、退会者が5割減ったとしよう。その企業がそこまでで十分だと考えれば、そこでプロジェクトを終了してもいい。

事前にサンプルデータを検証するメリット

サンプルデータを検証することのメリットは3点ある。

①その企業が持つデータが課題解決に使えるデータなのかどうかの判断がつく。もし使えないのであれば、今後、どのようなデータが必要なのかがわかる。

②作ったＡＩモデルをどのように実装するのかがわかる。このケースであれば、ＡＩモデルをどのような言語でサイトに埋め込み、どのような形で分析結果を表示させるかがわかる。

③ＡＩモデルを導入することが、その企業の課題解決にどの程度役立ちそうかというＲＯＩ（投資利益率）の目安がわかる。つまり企業にとってはそのプロジェクトを実行する

図10　なぜAI診断が必要なのか

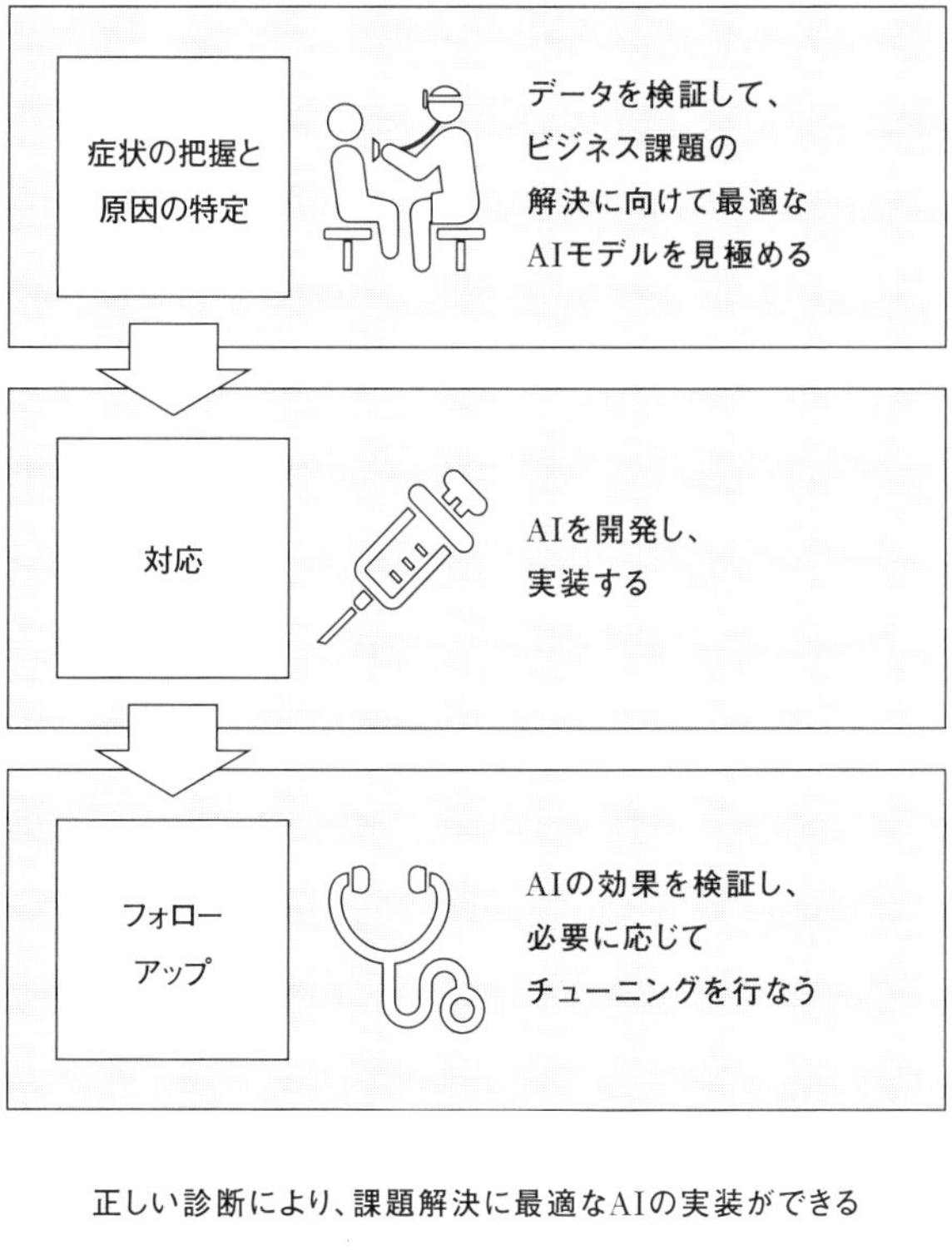
症状の把握と原因の特定
データを検証して、ビジネス課題の解決に向けて最適なAIモデルを見極める
対応
AIを開発し、実装する
フォローアップ
AIの効果を検証し、必要に応じてチューニングを行なう
正しい診断により、課題解決に最適なAIの実装ができる

パロアルトインサイト作成

かどうかの決断材料が与えられる。この時点でＡＩを導入しないという判断もでき、リスク回避にもなる。

手前味噌だが、事前に「ＡＩ診断」の報告書があることで、予算だけではなくＡＩ導入で得られるインパクトが予想できるので、社内稟議《りんぎ》も通しやすくなるとよく言われる。

ＡＩはクッキーの型抜きではない

ここまでの説明で、事前にデータを見ないと、適切な提案もできなければ、見積もりも作れないということがわかっていただけただろうか。

実は、先に紹介した「みんなのお薬」のＡＩ導入事例が報道された際、全国のＥＣサイト経営者から、「実際にはいくらかかるのか」といった問い合わせが殺到した。

しかしここまで説明してきたように、ＡＩは「型を押しつければ同じ形のクッキーができる」という、いわゆるクッキーカッター型の一律のソリューションではない。１００社あれば１００社それぞれデータの保存状況は違うし、課題が違えば解決法も変わるのだ。

あるいは、グーグルなどが提供しているAIモデルを構築できるプログラムを使える人材がいて、かつそれで課題が解決できるのであれば、限りなくコスト0円でAI導入できる可能性もある。

また、これは強く主張したいのだが、**AIビジネスのみならず、ITビジネスは労働集約型モデルではない。**エンジニアやデータサイエンティストを大量に抱えたからといって、それだけ多くの成果物が得られるわけではないのだ。そう考えると、「工数」や「人月」でコストを算出する考え方はナンセンスであることがわかるだろう。ITビジネスはサービス業ではなく、知的集約業なのだ。

では工数や人月の代わりに何で費用を算出するのかというと、バリューベースである。そのAIモデルを採用することによってどれだけ利益が発生するかという想定から見積もりをすべきだ。でなければ、社員13人、売り上げゼロ円のインスタグラムが、フェイスブックに810億円で買収されるわけがない。

AI導入をコストと捉えるか投資と捉えるかは、経営者のビジョン次第で変わってくる。AI開発をしている立場から言えるのは、コストセンター(直接利益を生まない事業部門)

の案件として扱ったとしても、**企業がその先に、「そのＡＩで何を実現したいのか」というビジョンを持っていれば、ＡＩ導入の投資利益率は高い**のではないかということだ。

POINT

■その企業が持っているデータを見てみなければ、提案も見積もりも出せない

■サンプルデータを解析することで、プロジェクト頓挫のリスクを防げる

■ＡＩビジネスは労働集約ビジネスではない

解決したい課題が
はっきりしていない場合は？

健全な危機感がＡＩ導入につながる

前項ではユーザーの解約を減らしたい企業を例にあげて事前診断の方法を説明したが、それ以前の段階の企業ももちろん存在するだろう。

よく聞くのが「ＡＩ導入を考えたいが、何から手をつけていいのかわからない」という言葉だ。

これは言いかえれば、**ＡＩを使って作りたい商品や事業アイデアはないが、今取り組まないと手遅れになるという危機感はある**という状況である。

先に触れたように、ＡＩは今後あらゆる業界でインフラになっていく。

だから、「何から手をつけていいかわからないが、今やらなくてはまずい」と考えること自体は健全な危機感だし、その**危機感を持っている企業は持っていない企業より何歩もリードしている。**

私たちはこのように、「何から手をつけていいかわからない」と相談に訪れる企業に対してもＡＩの開発と導入を行っている。そのような企業がまずどこから取り組めばよいか、ある運送会社を例にあげて解説しよう。

このフローは他の業界にもそのまま応用できるので、運送業界以外の方にも参考にしていただきたい。

まずは課題を棚卸しする

運送業界は、付加価値がつけにくく、コスト削減が至上命題になりがちな業界である。この企業もやはり「何かしなくてはならないけれど、何から手をつけていいのかわからない」と、弊社を訪れた。

このケースでは、**まず、社内の課題の棚卸しと、その重みづけからスタート**した。実際に行ったワークを紹介する。

まずこの企業のグループ会社の社長や責任者、約20人全員に集まってもらい、その場で、社の課題を抽出してもらう時間を持った。具体的には、「いったん、ＡＩのことは置いておき、今解決したい課題をすべて書き出してください」と伝え、２時間のディスカッションの時間をとった。

ここで出てきた課題は、以下のようなものだった。

- 本社受付にＡＩを導入してコストを減らしたい
- 倉庫の在庫の配置を最適化したい
- トラックの積載量を増やして無駄を減らしたい
- 長く勤めてくれる社員を予測して採用したい
- 会議の議事録が自動的にとれるようにしたい
- ファイル管理を自動化したい

ここに書き出したのは一例だが、実際には、ワードでＡ４用紙５枚にわたるニーズが抽出できた。

ＡＩビジネスには仮説検証サイクルが必須

これらの課題抽出を受けて最初に行なったのは、**これらの課題をＡＩで解決できるものかどうかの仕分け**だ。ＡＩビジネスを考える際には、「仮説モデルを作って検証できるかどうかを見極める」必要がある。

そもそもＡＩを導入するには、ＡＩが学習するデータが必要だ。まずは、データを採れる環境があるかどうかを確認しなくてはならない。

たとえば、トラックの積載量でいえば、自社のトラックのデータが集められれば、そのデータを使った仮説を作ることができる。しかし、自分たちで十分なデータを採れなかったり、他社からデータを買う必要があったりすると、難易度は上がるだろう。

そして、次に、その仮説を「検証」できる環境が必要になる。AIモデルの導入とは、すなわち定量的な検証データに基づくサイエンスプロジェクトである。AIを導入した後に、導入前と比べて効果があったのかどうかを測れないと、さらなる学習ができない。

AIビジネスを進めようと思ったら、データを採れること、そしてそのデータに基づいた仮説検証ができることが最低条件になる。

たとえば、この物流会社の「長く勤めてくれる社員をAIに予測させたい」という課題について考えてみよう。

これまでの採用データをもとに「辞めない人材」を予測し、採用し、実際に採用した人たちがどれくらい勤続したかを検証し、さらに機械学習の精度を高くして予測し、採用し……といった検証サイクルをまわすには、少なくとも数年単位の時間がかかることが想像できるのではないだろうか。

また、離職には、本人の事情以外にも、家族が増えたり介護が発生したりなどの、複雑な要因がからむため、本当の離職原因を定量化してデータを採ることは難しいだろう。

このように、**検証に時間がかかる、あるいは定量的な検証が難しい課題の解決は、ＡＩには向かない**といえる。もしくは不可能ではないが、そこにコストをかけるよりは、他に優先してやるべき課題がある場合が多いということだ。

効率化と売上増加の二軸で判断する

データが揃っている（またはこれから採れる）、仮説検証もできそう、となったら、次にビジネスインパクトを考えよう。

この会社では、これらのニーズを**「効率化の大小」と「売上増加の大小」のマトリクス上に分類し、ビジネスインパクトの大きなものから手をつけていく**ことにした（図11）。

たとえば、受付業務をＡＩで置きかえることはできるかもしれないが、ここで浮く費用はせいぜい数名分の人件費。その後の応用性や汎用性を考えても、たいしたビジネスインパクトにはならない。会議の議事録の自動入力も、システムを開発するほどのコスト削減にはならないだろう。こういった場合は、既存のソフトウェアを導入するなどでまかなう

図11　個々のプロジェクト案をどう捉えるべきか

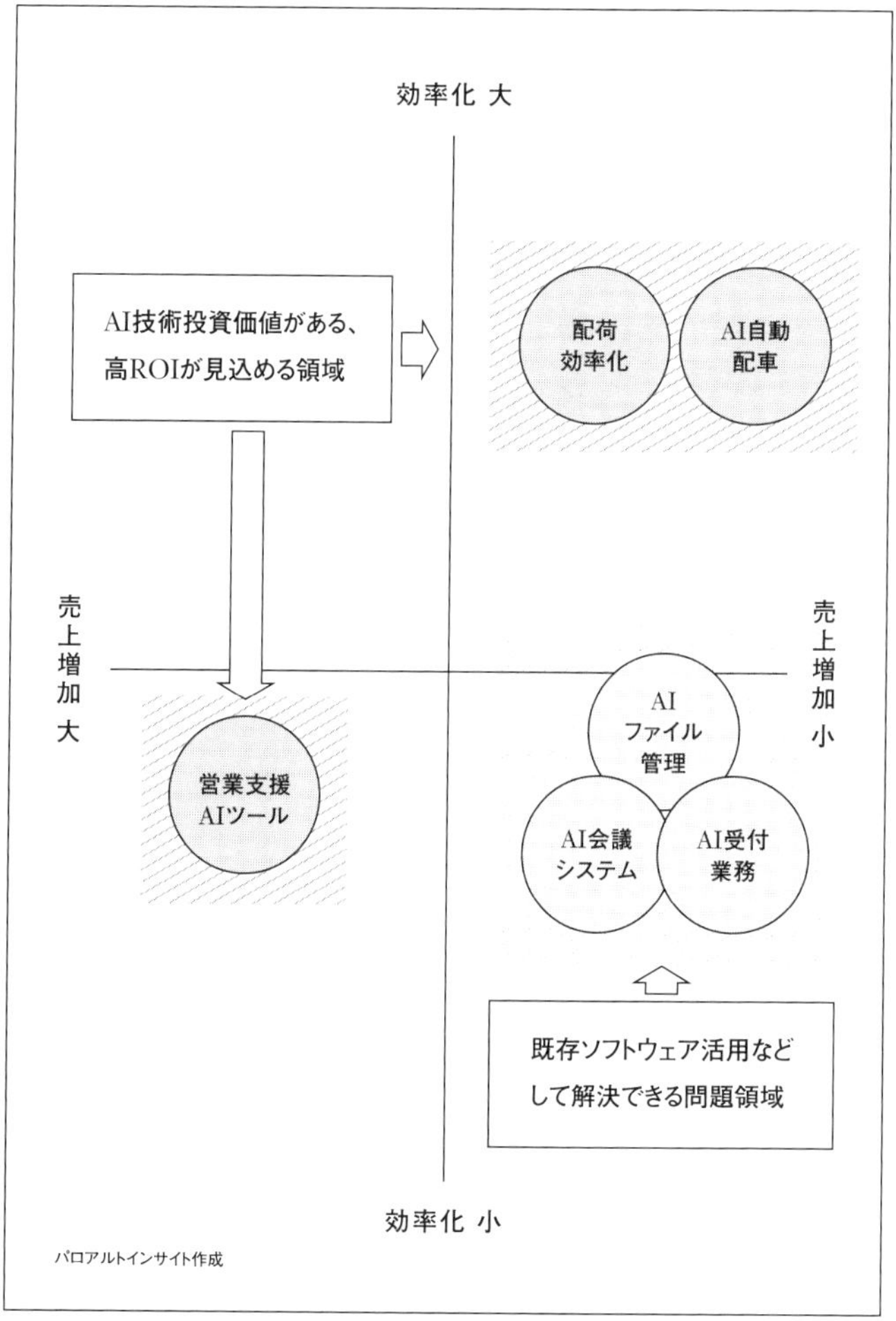

方法を考える。わざわざ自分たちで技術開発する必要はないからだ。

一方で、2トントラックの積載量を3Dで見える化し、どうすればフルに積載できるかを判断し、無駄のない配送を行なう——これをAIで実現すれば、すぐに大きなコスト削減に直結するのではないか。このような項目は、ビジネスインパクトが大きいといえる。

効率化を優先するか、売上増加を優先するか。それは、業界にもよるだろう。運送業界の場合は、無駄なコストを減らして穴を塞いでから売り上げを取りにいったほうがいいので、効率化を優先することになった。

このように、**一度課題を見える化すると、どの分野にAI導入するのが効果的か、わかりやすくなる。**もし、自社にAIビジネスを取り入れたいけれど、具体的なアイデアが浮かばない場合は、このような棚卸しをすることをおすすめしたい。

余談になるが、企業にはこういった「全社的な課題を棚卸しする」部署がほとんどない。これまでの時代は、商品ごと、サービスごとに戦略を立てればよかったかもしれないが、**多くのAIビジネスは、部署をまたいだスキームの構築が必要になる。**全社的な課題を棚卸しできる時間を設けるのは、すべての企業にとって有益であろう。

ちなみに、日本企業の既存部署で、この棚卸しやAI事業を推進する部署として向いていると感じるのは、事業部に横串を通しやすい経営企画部またはイノベーション推進部といった部署ではないだろうか。

ただし、棚卸しするのであれば、それを事業につなげなくては意味がない。

先日ある小売業界の経営企画部の方に会い、話を伺った。自分たちはAIビジネスとは無縁の業界だという認識で今まできたけれど、どこかの時点でAIの導入をしなくてはならないという焦りを持ちはじめているという。

そこで、先ほどのように課題抽出をしてもらったのだが、「社内でのすり合わせに時間がかかる」と、いつまでたってもプロジェクトが動き出さなかった。事業部の理解を得て予算を獲得することができず、正式なプロジェクト化ができない状況である。

経営企画の中で実証実験やPOC（Proof of concept=概念実証）をたくさん回しているのに、事業化に結びつかないケースもある。せっかく植えた種を育てるためにも、新規事業部との連携や、R&Dとの連携、または社長直下でのプロジェクトとして事業化するなど、組織編成の見直しも必要になるかもしれない。

せっかく社内横断的な課題の棚卸しができても、その後のプロジェクト化につながらないと意味がない。社内では「会社の命運をかけたＡＩ導入プロジェクト」という位置づけで進めることが重要なのだ。

POINT

- 何をやればいいかわからないときは、ニーズと課題の抽出から始める
- ＡＩでできることとできないことを仕分ける
- 効率化と収益化のマトリクスでビジネスインパクトを測る
- 棚卸しをした以上、そこで終わりにしない

ＡＩ導入はゴールではない

ＡＩビジネスに立ちはだかる「定着の壁」

ＡＩビジネスを検討している人たちの中には、「とにかくＡＩ導入できればよい」と考えている人も少なくない。しかし、ＡＩは「導入したら終わり」という性質のものではない。

以前、ある運送会社の方にこんな話を聞いたことがある。

その会社では、輸送の効率化のために、トラックがどの道を通れば最短で目的地に到達するかをＡＩで計測し、ドライバーに最適化されたルートを通るように指示するシステムを開発したことがあったそうだ。

しかし、その会社のドライバーたちは、せっかく開発したそのシステムを使ってくれなかった。一体どうしてだろうか。

現場のドライバーの声を聞くと、「この道は月曜日は混んでいるから」とか「この道は駐禁が取られやすいから」などといった意見が出てきたそうだ。単純に距離や画一的な交通情報を取り入れてシステム開発するだけでは、このような現場とのミスマッチが起こってしまう。資金を投入して開発したＡＩシステムも、これでは意味がない。

また、先日、ある大手の卸売業者の方と話をしていたときのことである。ある需要予測モデルに基づく商品自動発注システムを導入したところ、稼働率は5割以下だと聞いた。聞くと、営業のチームが自動発注システムに商品リストを記入する作業が非常に手間なため、既存のやり方でやったほうがいい、と思ってしまうらしい。

この運送会社や卸売業者のように、せっかく開発したＡＩが実際に使われなかったというのは、残念ながらよく聞く話だ。

ＡＩは導入することがゴールではない。

「とにかくＡＩを導入すればうまくいく」と漠然と考えている人もいるのだが、実際に現場の人たちに使ってもらわなくては意味がないし、使ってもらえなければ、効果測定もできない。

このような課題を、私たちは**「定着の壁」**と呼んでいる。

「定着の壁」を乗り越えるためには、現場のヒアリングを丁寧にする必要がある。ひとつ事例をあげて説明しよう。

現場の声を拾いあげて、はじめてAIが活用できる

以前、ある物流会社の業務効率改善のためにAIを導入する提案をしたことがある。具体的には、倉庫の段ボールから商品をピックアップし、それをトラックに積むまでの作業員の動線を効率化するシステムの開発だ。

このような案件の場合、何よりもまず、実際の倉庫で作業者がどのように作業をしているのかを確認する必要がある。

この倉庫は、納品先に対して商品を出荷していた。商品をピックアップする作業員は、

それぞれ巨大な倉庫をいったりきたりして、各店舗から注文された商品をコンテナにピックアップしてトラックに積載する。具体的には、商品の置かれている棚まではフォークリフトで移動し、そこからは歩いて商品を探してコンテナまで運び、すべての商品をピックアップし終えたらトラックにコンテナごと載せるといった作業だ。

まずはこの作業を動画で撮影し、クライアント企業から必要なデータをもらい、データサイエンティストが機械学習の手法を用いて、その作業動線を見える化した。すると、この作業動線にはずいぶん無駄が多いことが判明した。たとえば、同じ棚に二度立ち寄っていたり、人気の商品が遠い位置にあって移動距離が長かったり。また、一緒に注文されることが多いAとBの商品の位置が離れているため、作業効率が悪いなどといったことも分析できた。

データをもとに試算したところ、これらの無駄な動きがなくなれば、現在の3分の2の時間で商品をピックアップできることがわかった。

では、これらの分析に基づいて、人気商品をすべて手前に並べ、一緒に注文されるAとBの商品を横並びにすればいいかというと、話はそれほど単純ではないのは65ページの例でも述べたとおり。

AIを導入しようとすると、このような現場の事情を考慮したうえで、最適化の仮説を立て、システムを設計する必要がある。**AIビジネスは机上の空論ではなく、泥臭い作業の連続なのだ。**このような丁寧な確認作業をしたうえで導入しないと、先の運送会社のように、せっかく作ったシステムを使ってもらえず、「定着の壁」にぶつかってしまう。

「導入の壁」を乗り越える

AIを活用するためには、考慮しなくてはならない2つの壁がある。そのひとつが、今お話しした「定着の壁」。そしてもうひとつは、「導入の壁」だ。**現場を知らないと、「定着の壁」どころか、その前に「導入の壁」にぶつかってしまうこともある。**

先ほどの倉庫の例で話をしよう。その倉庫では、作業をする人たちが商品をピックアップするたびにハンドスキャナーで商品バーコードをスキャンするシステムが使われていた。ひとつスキャンすると、次はどこの棚にどの商品を取りに行けばいいか、スキャナーに指示が出る。

すべてがそのシステムで統一されていればよかったのだが、その一方で、一人の作業員がピックアップすべき商品の伝票があらかじめシールにプリントアウトされていて、そのシールを順番にたどるという方法で作業を進めているケースもあった。

ここで、作業をする人たちに新たな端末をもうひとつ持ってもらうのは現実的ではないだろう。それでなくても一刻を争って商品をコンテナに運んでいる人たちの作業負荷を増やすのは本末転倒だ。ＡＩ導入はエンドユーザー中心主義で行わなければならない。こうしたケースは、すでに活用されている端末、つまりハンドスキャナーに実装することを前提としてＡＩを開発するのが一番効率的だろう。

このようにＡＩを現場で実際に使える形でアウトプットすることや、どんなデバイスでアウトプットするかなども、設計の時点から考えなくてはならない。これを考慮しないと「導入の壁」にぶつかってしまう。

効果検証できなくては意味がない

さて、このような現場分析を行なった後は、ＡＩシステム開発のフェーズに入るのだが、ここでもうひとつ忘れてはならないことがある。それは、**「効果検証できるかどうか」**。

ＡＩの強みは、仮説検証のサイクルを回しながら学習することだ。だから、仮説に基づいて実際に商品の配置を変えた後にも、データを蓄積して分析して、最適な条件をアップデートし続けなくてはならない。

倉庫の例でいうならば、システムを導入した後にも作業員の動線のデータを計測し、実際に効率がアップしたのかを検証し、より効率化を測るためにはどうすればよいかの仮説を立て、さらに検証するといったサイクルを回す必要がある。

そのためには、**①どんなデータを採れば仮説検証サイクルを回すことができるのか、②何をもって効率アップと判断するのか（ＫＰＩの設定）**などを事前に考えておかねばならない。

「導入の壁」のところでも説明したが、作業員がどのようなルートで商品をピックアップし、それにはどれくらいの時間がかかったかを記録するためにも、彼らが現実的に使いやすいデバイスに実装する必要がある。

ＡＩ導入がビジネスのゴールではない。**ＡＩビジネスで考えなくてはいけない課題の多くは、ＡＩ以外の部分にある。**「導入」「定着」「効果検証」を見越したビジネスモデルを考えることが求められる。

POINT

- ＡＩビジネスの課題の多くは「現場」にある
- 現場の状況を精査せずに開発すると、ＡＩの導入、定着に壁ができる
- 効果検証できるモデルを作る必要がある

ＡＩ実装のプロセス

ＡＩ導入には会社のコミットが必要

ここからは、ＡＩモデルをどのように実装していくかについて解説していこう。

まず大前提として重要なのは、「ＡＩの導入には、企業側のコミットメントが確実に必要である」ということだ。

ＡＩを導入するためには、前項で説明したように、導入の壁と定着の壁を乗り越えなくてはならない。そのためにはヒアリングへの協力も必要だし、最終的にモデルを実装するためには企業のＩＴチームとの連携も不可欠だ。「会社の鍵を渡し、好きに出入りできるようにするから、あとはよろしく」といった性質のものではないことを理解してもらいたい。

ひょっとしたら、ＡＩ実装の会社を下請けのように考えている企業もあるかもしれない。しかし、そういう考え方でいると、ＡＩ開発をするデータサイエンティストが型にはまったアプローチしか考えられなくなるリスクがあることをお伝えしておきたい。

データを見て、担当者にヒアリングを重ねるうちに、当初と全く異なる状況に直面することはよくある。そんなときに、データサイエンティストがクリエイティブかつ臨機応変にアプローチを考えながらモデルを作成する環境をつくっておくのが重要だ。そうすることで、クライアントにとってベストな解を提供できるはずだ。

我々は自分たちの仕事を、企業の課題を理解し、ともにビジネスモデルを考え検証し、ＡＩモデルを開発することだと捉えている。ビジネスモデルを構築する上流工程からかかわることによって、企業にとって価値のあるＡＩ導入ができると考えている。

「環境スキャニング」でビジネスチャンスの大きさを調べる

先ほど課題の棚卸しの話をしたが、ＡＩ導入は必ずしも社内向けの課題解決のために導入されるとは限らない。

たとえば、新規事業部でまったく新しい領域の商品開発を立ち上げようとしている方から よく相談を受ける。そのときは、社内の課題ではなく、市場におけるビジネスオポチュニティの大きさに関して調査をしてからプロジェクト化するようにしている。

それも単なるマーケットリサーチではなく、シリコンバレーにいるからこそ見えることや手に入る情報、アクセスできるネットワークを駆使して、それぞれの業界や領域が今後AIでどうなっていくのかを網羅的に調査するわけだ。

需要サイド（想定されるエンドユーザー。この段階ではまだ漠然としたイメージでOK）と供給サイド（技術的にどれくらい可能か）をあらゆる手法で調査する。このやり方を、**「環境スキャニング」**と呼ぶ。自分が置かれている環境をスキャンすることで未来を読みとく、学術的にも確立されている手法である。私たちの会社では、そこに自然言語処理技術を取り入れたアプローチで展開している。

プロトタイプの重要性

新しい商品を作りたい、新しい事業を創りたい、というニーズの案件の場合、ＡＩ診断で見るべきデータが何なのかすら定義づけされていないことがほとんどだ。その場合は、プロトタイプを作ることを弊社では強く勧めている。

企業によっては、市場調査や環境スキャニングは終えていて、さあ開発しよう、というフェーズになって私たちに相談にくる方もいる。また、市場調査を弊社が行なってからプロトタイプに移るクライアントもいる。

プロトタイプとは、試作品のようなものだ。モックアップが静的なスケッチの延長線上にあるものだとすれば、プロトタイプは動的な試作品を指す。

プロトタイプにおいて、データベースやＡＩ機能などは試せなくてもいいが、重要なのは、ワーキングプロトタイプ（実際にボタンを押したら次のページに飛ぶなどの一連の〝動作〟がわかる試作品）であることだ。

最終的なイメージを共有し、ユーザーが実際にそれを使ったときのフィードバックをもらって機能設計を進めるのに不可欠なステップである。

また、プロトタイプを作る際のポイントは**「完璧なものを作る必要はない」**ということ。極端なことをいえば、段ボールで作ってもいいくらいである。

「プロトタイプは低コストで作るべき」ということを示す例として、シリコンバレーで有名な話がある。

あるスタートアップ企業が、これから開発するＡＩ搭載アプリに投資してくれる投資家を探していたときの話だ。このアプリは高精度なＡＩを搭載して会話ができることを売りにしていたが、投資してもらえるかどうかわからないうちに商品を作りこむわけにはいかず、低コストのプロトタイプを作っていた。

あるとき、有望な投資家にプレゼンする機会があり、彼らはアプリのプロトタイプを持って説明をした。

投資家がそのアプリに向かって「私の好きな食べ物は何でしょう?」と聞いたところ、アプリは「スパゲッティではないでしょうか」と答えた。びっくりした投資家は、アプリに向かってさらに、「どうして私の好きな食べ物を知っていたの?」と聞いたところ、「数々のデータを解析して統計的な答えを出したまでです」と答えたといったエピソードだ。

実は、この話には裏話がある。この面会室の隣の部屋には、この投資家の質問に対してその場で答えを打ち込んでいる人がいたというのだ。つまり、この投資家がAIの回答だと思って驚いた言葉は、すべて人間がタイピングしたものであった。

「プロトタイプはこのくらいカジュアルなものでいい」という例としてよく挙げられるエピソードだ。

プロトタイプにバックエンドの機能が揃っている必要はなく、このアプリを使えば、こんな体験ができるということが、イメージできさえすれば十分だということが理解いただけただろうか。

実際に見て触れられるプロトタイプがあると、そのプロダクトが持つべき機能の定義づけができる。先ほどのスタートアップの話でいえば、どこまでが偽物で、どこが本物でなくてはいけないか。それを考えることは、そのプロダクトの本質を突き詰めることだ。

プロトタイプとは、要は「落としどころ」の確認といってもいいかもしれない。

アレクサスキルやSiriに代表される音声AIプロトタイプを例に話をしよう。

2018年10月にアマゾンが新しく取得した特許に、ユーザーが語りかける声色などからアレクサがその人の体調や心理状況を理解する技術があった。[16]

このことが指しているのは、今後アマゾン上で消費者向けに商品を売っているメーカーは、遅かれ早かれアレクサスキル（アレクサに対応する音声AI）を開発しなければ、機会損失が生まれるかもしれないということだ。

たとえば、将来的には、風邪気味の声でアレクサに「アレクサおはよう」と話しかけたら、「もし体調がすぐれないなら、卵がゆがおすすめですよ」などと卵おかゆのレシピを画面つきで見せてくれるスキルを「茅乃舎《かやのや》」のような出汁メーカーが作ったとしたら、結果的に出汁やふりかけの購入を促すことができるようになるかもしれない（特許を取っただけなので必ずしも実装されるとは限らないが）。

直で売り上げにつながらなくても、消費者とのタッチポイントが増えて、データが取得できるのは消費者向けに商品を売っている会社にとっては、大きな機会だ。

そういう動きもあって、スキル開発はもはやデベロッパーだけの話ではなくなっている。

16 https://www.cbinsights.com/research/food-amazon-ecommerce-strategy-risk/

音声ＡＩのプロトタイピングで大事なのは、「なぜ音声でなければいけないのか」にこだわることだ。単にグーグル検索を音声化しただけのスキルなら、音声である必要がない。プロトタイピングをするときには、音声である必然性として、たとえば図12上で示した3つの特徴を明確にして（必然性はこれだけではないが、あくまで3つだけここでは挙げる）、デザインを行なう。弊社で音声ＡＩプロトタイプを作るときは、「なぜ音声でなければいけないか」の部分を、「ハンズフリーであること」「遠隔なこと」「文字起こしができること」でどんなユーザーの課題を解決できるのか、ユーザーストーリーを作る。すべてを満たす必要はなく、この中のひとつの課題だけを深掘りするケースも多い。

また、それを技術的な3つのモジュール（システムを構成する、機能的にまとまった部分のこと）に分けると、図12下のとおりとなる。それぞれの技術モジュールで解決しなければいけない課題があるので、それを抽出する。

音声認識のモジュールでは、ユーザーの話しかけている言葉を認識する。たとえば、「ジャズを流して」という言葉をテキストにして認識する部分だ。次に、そのテキスト化された

図12　音声プロトタイピングの心得

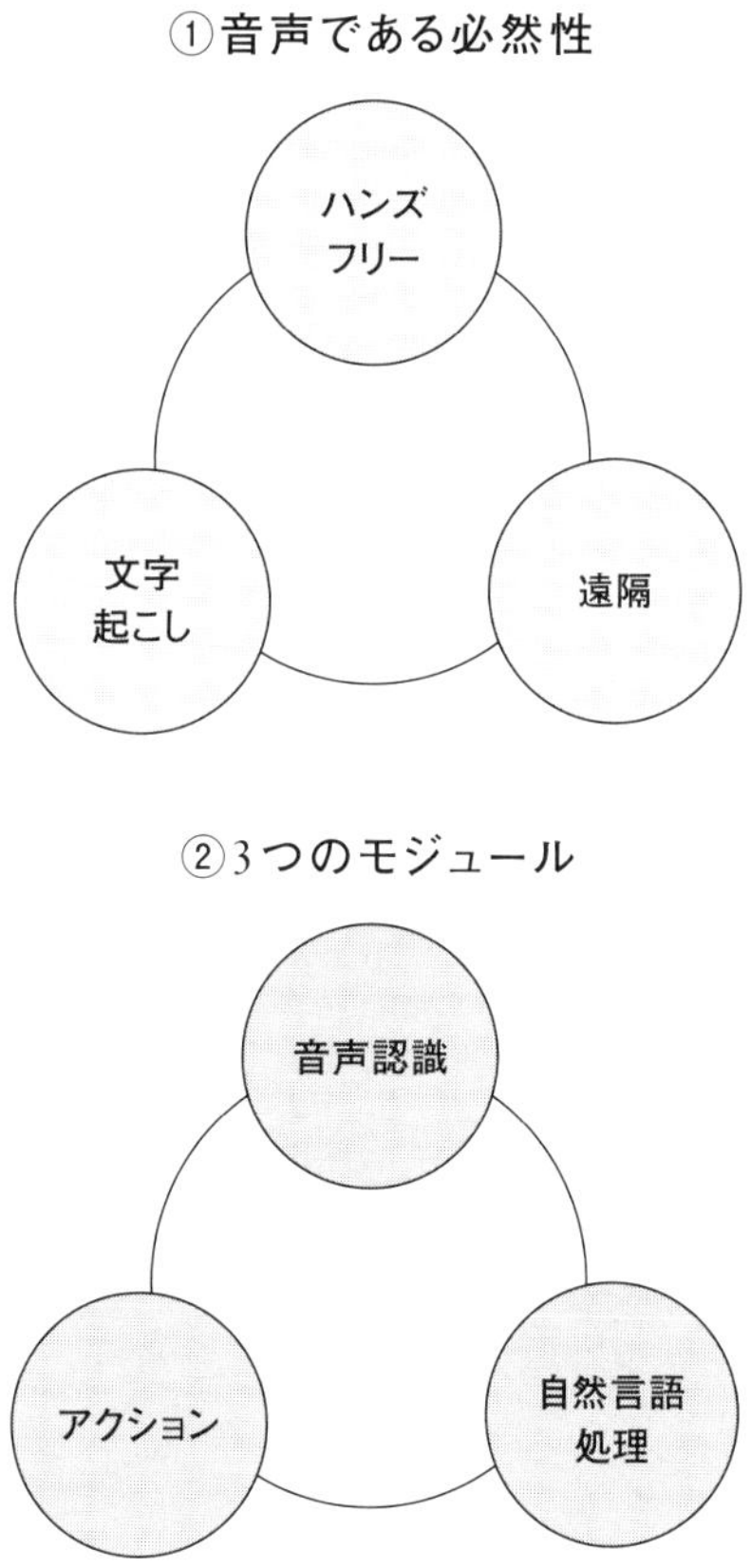

パロアルトインサイト作成

リクエストの意味を理解する技術が自然言語処理モジュールだ。そして、その意味を実行（ジャズを流す）するのがアクションモジュール。それぞれに技術的課題があるためそこを洗い出す。

そして、それぞれの課題の中で、まずクリアしなければいけない課題（複数でもいい）をテストする試作品がプロトタイプというわけである。

プロトタイプのいいところは、早い段階で実際に利用するエンドユーザーの反応が見られることだ。そのうえで、関係者のフィードバックを重ねて、改良を重ねるという発想がAIビジネスでは重要である。

プロトタイプがあれば、変更のコストも抑えられる

もちろん、AIの開発を依頼する企業にとってもプロトタイプを作るメリットは大きい。

皆さんの中にも、「一度お願いしたら、あとはブラックボックスで、意見できないのではないか」といった不安を感じる人がいるのではないだろうか。そのような不安は、プロ

トタイプを目の前にして意見交換することで払拭されるだろう。

また、プロトタイプを作っておくことで、机上では成立すると思えたＡＩが、現実的には使えなかったというようなズレを防ぐことができる。

図13のグラフを見てほしい。これは、変更にかかるコストを示したものである。プロジェクトが進めば進むほど、変更が生じたときにかかるコストは上がる。

プロトタイプの時点でフィードバックを重ねることが、いかに重要かがひと目でわかるのではないだろうか。

アウトプットを想定して開発する

たとえば、こんなケースを想像してほしい。

顧客に最適化した商品のおすすめシステムを開発したいとする。ここで必要となってくるのは、そのおすすめを「何を使って」顧客に伝えるかの設計プランだ。

メールでおすすめするのか、電話営業するのか、アマゾンや楽天のレコメンド機能に実

図13　変更のコスト

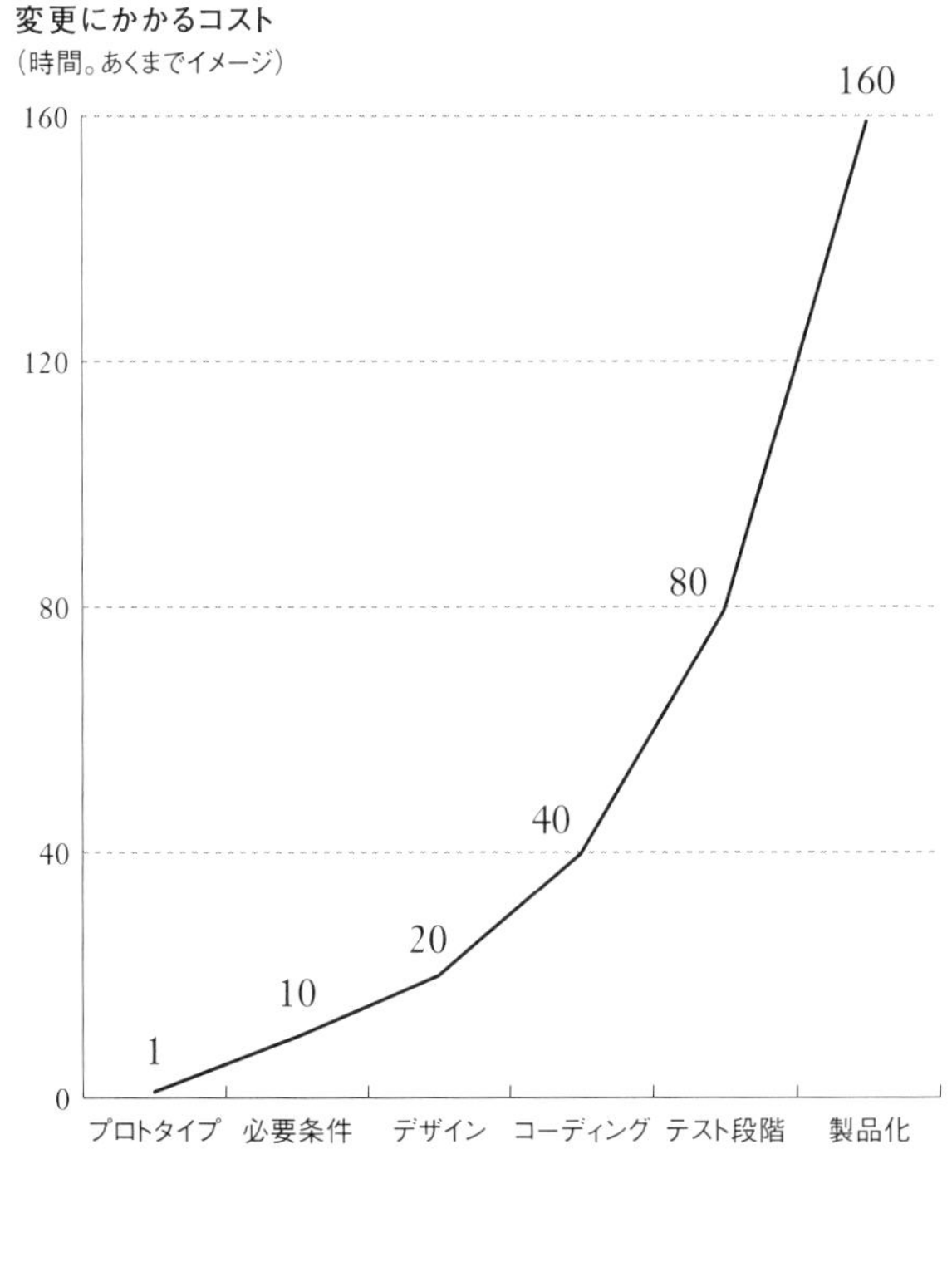

パロアルトインサイト作成

装するのかなど、方法は何でもいいが、それをある程度先に考えておかなければ、技術だけ開発されて、導入できないシステムができあがってしまう。開発段階で100パーセント決定している必要はないが、オプションとして何があるかは洗い出して理解しておく必要がある。

まさかと思われるかもしれないが、このアウトプット方法について議論されないまま開発が進み、最後の最後で「あれ？　そういえば、このおすすめはどうやって顧客に伝えるんだっけ？」となってしまう開発ケースも実は少なくない。

前項でも話したが、**ＡＩは「導入」し、「定着」させ、「効果検証」のサイクルが回って初めてビジネスになり得る。**導入の壁、定着の壁を乗り越えるためにも、プロトタイプでの仮説検証をくり返して、開発、実装をする必要がある。

POINT

- **簡易でよいのでプロトタイプを元に仮説検証をくり返す**
- **アウトプットから逆算して開発をする**

第 4 章

AIビジネスの課題とは

この章では、今後AIビジネスを進めるにあたって
どのような課題が議論されているのかについてまとめた。
AIビジネスの課題は、そのままAI時代の社会課題ともいえる。
ここにあげた内容は、
これからも注視が必要になるだろう。

ＡＩの判断は中立か？

バイアスの取り除き方が今後の課題

この章では、ＡＩビジネスにおける今後の課題を以下の３つの視点から考えていこう。

①ＡＩで課題となるバイアスの取り除き方
②個人情報の取り扱い方
③著作権の取り扱い方

まずは、どのようにすれば、ＡＩで偏見のない分析結果を出すことができるのか。また、

ＡＩで導き出された分析結果に対して、私たち人間がどのように対峙《たいじ》すればよいのか考えてみたい。

採用のプロセスにＡＩを導入したいと考える企業は増えている。就職採用面接にＡＩがかかわると、どのような結果が出るのか。それを考えるうえで、興味深い研究結果があるのでご紹介しよう。２０１６年にハーバードビジネスレビューに掲載された内容だ。

この研究は、３００以上の偽物の願書を、アメリカのトップ級の大手法律事務所に送り、どの願書に面接の誘いがかかるかを調査したものだった。

ここで使用された願書に書かれた学生の成績は、すべて全米トップ1パーセントの成績優秀者の本物の願書だ。ただし、成績以外は全て嘘の情報が書き込まれている。

まず、名前を架空のものにした。そして、出身地や、大学時代に所属していた部活、趣味などを意図的に履歴書に加え、その情報が採用にどう影響を与えるのかを実験したものである。

アメリカでは性別や人種、貧富の差などによる採用差別は違法とされるため、通常、履歴書や面接でも性別や出身地などは開示しない。しかし、このときは意図的に付属的な情報を入れることで、求職者の社会的なレベルや性別が採用側に推測できるようにして実験を行なったそうだ。

たとえば、趣味や大学時代の部活がポロ、セイリング、クラシック音楽などと記述されていれば富裕層と推測されやすくなる。逆にトラック&フィールド競技やピックアップサッカー（誰でも参加できるサッカー）をやっており、趣味がカントリーミュージックなどと記載されていれば低所得層と推測されやすくなる。名前も同様だ。たとえばキャボットといった名前は高所得層をイメージさせ、クラークといった名前は貧困層をイメージさせる。

さて、このように意図的に情報量を増やした願書を送った結果、非常に興味深い結果が出たそうだ。

大手法律事務所から面接の誘いが一番多く届いたのは、富裕層に属すると推測された男性（16パーセントの面接招待率）のものだった。同じように富裕層に属すると推測された女性の願書はその4分の1ほどの面接招待率（3・8パーセント）。そして、低所得層に属すると推測された男性の願書の面接招待率は、たった1パーセント、低所得層に属する女性と推測された願書の面接招待率は6パーセントだった。（図14）

図14　大手法律事務所から面接の誘いが一番多く届いたのは、
富裕層に属すると思われる男性だった

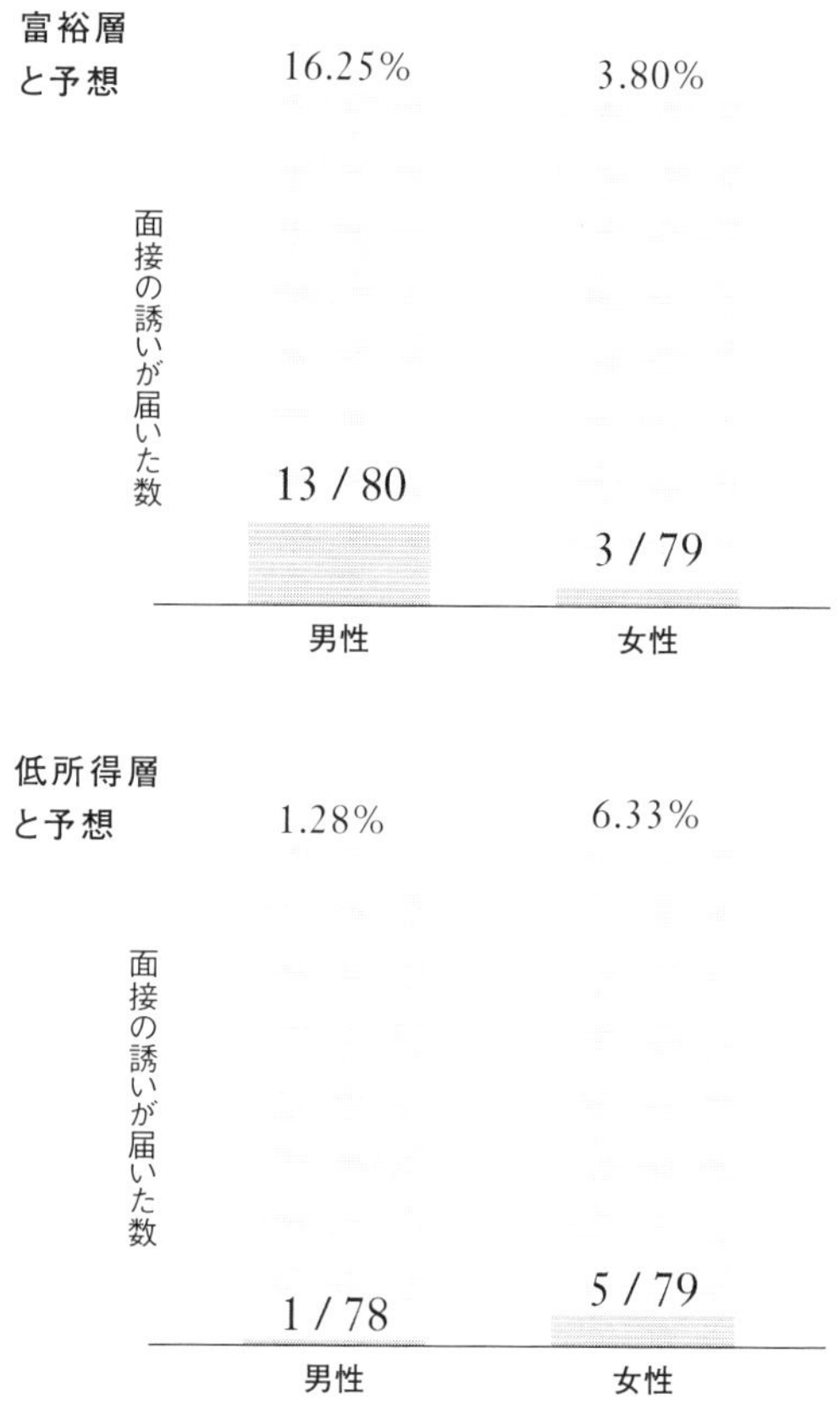

出典:https://hbr.org/2016/12/research-how-subtle-class-cues-can-backfire-on-your-resume

つまり、以下の順に面接に呼ばれたことがわかる。

富裕層男性（と想定される）↑16パーセント
＞低所得層女性（と想定される）↑6パーセント
＞富裕層女性（と想定される）↑3・8パーセント
＞低所得層男性（と想定される）↑1パーセント

この研究で判明したことは、名前や大学時代の部活動、趣味のデータなどから、その人の社会的レベルを採用側が推測し、偏った判断（本来違法とされている差別的な採用）をしてしまったということだ。つまり成績優秀な求職者でも、余計なデータを企業側に与えすぎると、不利に働く可能性があるということでもある。

この研究において、面接に呼ぶか否かを決めたのは、その法律事務所の人事の担当者だ。しかし、この採用プロセスに今後ＡＩがかかわるようになると、どうなるだろうか。

ＡＩに学習データを与えて、トレーニングさせるのは人間である。その人間側に偏見やバイアスがあるまま採用予測モデルを作ったら、こういった差別主義の採用がさらに増長されるだろう。

ここに、今後のＡＩビジネスにおける2つの課題が浮き彫りになる。

①データが増えること（この場合では名前や部活動、趣味など）で生まれてしまう偏りをどう避けるか？

②人間がデータをＡＩに学習させることによる恣意性をどう排除するか

グーグル翻訳で指摘されたＡＩの課題

この2つの課題のうち、①の課題に直面している例をもうひとつあげよう。

ご存じのように、グーグルの翻訳機能には、ＡＩが取り入れられている。そのグーグル翻訳において数年前から指摘されていることが、まさにこの課題にあたる。

グーグル翻訳で、英語で「彼は看護師です（he is a nurse）」と打ち込みトルコ語に翻訳すると、「o bir hemşire」と表示される。

図15　グーグル翻訳で指摘されたAIのバイアス

しかし、これを英語に再翻訳するボタンを押すと、英語で「彼女は看護師です（she is a nurse)」と翻訳されてしまうのだ。

なぜこんなことが起こるのか。

トルコ語の主語には、he（彼）や、she（彼女）といった、性別に紐づく単語がない。そのため、英語からトルコ語に翻訳されるときは、性別に紐づかない「o」が主語になる。

しかし、それを再度英語に翻訳するとき、なぜ「she」になってしまうかというと、「看護師」という単語とともに出現する単語が「he」よりも「she」が多いから。つまり、看護師といえば女性のほうが多いだろうといった学習を元に、「she is a nurse」と再翻訳されてしまうのだ。

同様に、「she is a doctor」と打ち込んでトルコ語に翻訳した後、再度英語に翻訳しなおすと、「He is a doctor」に変換される。これは、「医者」という単語とともに出現する単語が、「he」のほうが多いため、機械学習の結果、確率の高い選択として「he」を選ぶのだ。

これは、〝trouble with bias〟と呼ばれている現象だ。[17]

17 https://www.katecrawford.net/

看護師と医師はひとつの例にすぎない。先ほどの採用面接のときにも起こった、「必要以上のデータを与えることによって、バイアスがかかる」問題も、根っこは同じである。

また、たとえばグーグル検索で「ＣＥＯ」と検索してみると、最初の49個の画像は男性社長の画像、残りのひとつはバービーＣＥＯの画像だということが、半分笑い話、半分真面目に機械学習研修者のカンファレンスで持ち上げられることがある。

社長、政治家、起業家といった単語は男性と結びつきやすく、料理、介護、アシスタントといった単語が女性と結びつきやすいといったバイアスをどう取り除くかは、これからビッグデータを解析していく際に考えなくてはならない課題だ。

ちなみに、このグーグルの翻訳機能のバイアスに関しては、２０１７年にニューヨーク大学のケイト・クロウフォード教授が指摘して以来、グーグルでも問題を把握しているようだが、この書籍を執筆している現在まで、まだ解決策は示されていない。

ＡＩを活用する際には、性差別、人種差別、職業差別、使う言語によってかかるバイアスなどを注意深く取り除いていく必要がある。

AIは黒人より白人を3倍見分けやすい

2つの課題のうちのもうひとつ、「②人間がデータをAIに学習させることによる恣意性をどう排除するか」についても例をあげたい。

MITメディアラボのリサーチャー、ジョイ・ブォロムウィニ氏によると、IBMとマイクロソフト、フェイス++（Face++、北京のAIスタートアップの子会社）が開発した3つの顔認識システムは、白人の顔の性別を見分けるほうが黒人の顔の性別を見分けるよりもよっぽど得意だということがわかり、メディアでも話題になった。

ジョイ氏の実験では、1270枚のヨーロッパとアフリカの国会議員の写真を使ったという。顔認識アルゴリズムによって白人の男性の写真を見て男性と正しく性別を当てるときは99パーセント以上の精度で当てられたが、黒人女性の顔の写真を正しく女性と判断する場合は80〜75パーセントの精度でしか見分けられなかったそうだ。[18]（その後、IBMとマイクロソフトはあわてて黒人女性の精度を97パーセントまでに改善したが、まだ白人男性の精度

18 https://www.wired.com/story/photo-algorithms-id-white-men-fineblack-women-not-so-much/

には及ばない）

これも結局、人間がデータをＡＩに学習させることによるバイアス（偏向）の話になる。ジョイ氏は、「自動システムは本質的には中立ではない。ＡＩを形作る力を持っている人の優先順位、好み、偏見を反映しているためだ」と述べ、既存のＡＩシステムのベンチマークデータを鵜呑みにするべきではなく、ＡＩシステムを作る会社は、マイノリティーなどのサブグループでＡＩがどのくらいの精度だったかの成果も公表するべきだ、と言っている[19]。

今後、ＡＩビジネスにおいては、**元データのバイアスを取り除くプロセスが非常に重要になってくる**と考えられる。特に消費財メーカーなどは、グローバルなマーケットが顧客なので、中国やインドをはじめとするアジア、アフリカ圏に商品を送り込む際に、バイアスのないデータセットをどう集めるかが課題になりそうだ。

目的を持ったＡＩ（AI with Purpose）という対応策

バイアスのかかったデータによって作られるＡＩのリスクに関しては、ニューヨーク州立大学（SUNY）のオールバニ校で政治学を教えているヴァージニア・ユーバンクス准教授の主張が非常にクリアだ。

ユーバンクス准教授は、データマイニング、政策アルゴリズム、予測リスクモデルなどがアメリカの貧困層や労働者階級に及ぼす影響を体系的に調査した結果をまとめ、アメリカの機械学習研究者やAIビジネスを行なうコミュニティに警鐘を鳴らした。

たとえばピッツバーグ市は、児童虐待を報告するため児童相談所ホットラインにかけられてくる電話や依頼のうち、どれを優先だてて調査すべきかの仕分けをするスクリーニングツールを開発したという。

そのツールの教師データとなるデータは全部で130種類以上にもなったが、蓋を開けて見ると、「SNAP（フードスタンプと呼ばれる低所得者向けの食品購入支援サービス）を受けたことがあるか」「うつ病の治療を受けているか」「行政主体の医療保険を受け取ったことがあるか」というような変数で作り上げられた仕分けツールだった。[20]

これが意味することは、低所得者であればあるほど、児童虐待を疑われてしまい、高所得者であればあるほど、誰かが児童相談所に相談しても介入は後回しになるということだ。

19 https://www.media.mit.edu/projects/gender-shades/overview/
20 https://www.theguardian.com/commentisfree/2018/may/13/we-created-poverty-algorithms-wont-make-that-go-away

行政機関でＡＩを開発する場合、コストをかけずに手に入るデータセットで取り組む場合が多い。結果的に、公的サービス（ＳＮＡＰやメディケイドなどの福祉サービス）を受ける人のデータが一番手元に集まるのだろう。逆に、富裕層は生活保護とは無関係なので行政にはデータが集まらない。だから、富裕層の間で起きている児童虐待のデータも集まらず、介入すらできない、というわけだ。

このバイアスを取り除くためには、教師データセットを集めるときに、対象となる母集団（児童虐待ケースでいえば、虐待が疑われる家庭）を網羅できるデータをどうやって集められるのか？という質問を自分たちに投げかける必要がある。データ収集の段階から目的を持ってＡＩ開発をすることが大事だ、と准教授は説く。これを准教授はAI with Purpose（目的を持ったＡＩ開発）と呼んだ。

日本でも採用や人事関連など、難しい判断やのちにリスクがつきまとう判断はＡＩに任せたいというニーズが増えているように感じる。

省人化や自動化自体は否定するものではない。しかし、単に「判断が難しいから」「あとで自分が責任をとりたくないから」という理由でＡＩを作ったとしても、ここまで述べてきたように、ＡＩは人間を超える判断ができない。だとしたら、恣意性の高いデータで作ったモデルを拡張展開することのリスクのほうが高いのではないか。

今後は、より一層、目的を持ったＡＩ開発（AI with Purpose）が必要とされるだろう。

POINT

■ＡＩに必要以上の学習データを与えることによって、バイアスが生じる
■バイアスを取り除く部門や設計が必要になる
■目的を持ったＡＩ開発（AI with Purpose）が今後より求められる

プライバシーはどう守られる？

フェイスブックスキャンダルがもたらしたこと

次に、個人情報の課題について触れたい。

第3章において、私は「日本企業は自社のデータをオープンにすることに躊躇する傾向がある」と書いた。データを自社で検証することにこだわらず、オープンにすることによって得られるメリットについても触れた。

しかし、この**「オープンデータ」についての考え方は、流れが急速に変わりつつある。**

今後AIビジネスを考えるうえでは、個人情報の取り扱いがどのように変化していくかを知っておく必要があるので、ここで解説しておきたい。

２０１３年、マッキンゼーは「企業がデータをどんどんオープンにすることによって得られる価値は1・7兆円である」という経済効果予測を出した。[21] そのような予測もあり、アメリカでは「企業はデータをオープンにしよう」といった考え方が急速に進んだ。そしてデータがオープンになればなるほど機械学習は進み、様々なAIビジネスが生まれた。

しかし、マッキンゼーの予測から5年後の２０１８年4月に、いわゆる「フェイスブックスキャンダル」といわれる〝事件〟が起こる。

フェイスブックスキャンダルは皆さんご存じだと思うが、この事件が社会に与えた影響と、問題の本質について、一度整理しておこう。

フェイスブックスキャンダルとは、フェイスブックから流出した個人のデータが大統領選挙におけるトランプ陣営の選挙戦略に利用され、選挙結果にまで影響を与えたと言われる一連の事件を指す。

アメリカで人気の性格診断アプリから流出したフェイスブックの個人データを買ったのは、イギリスの「ケンブリッジ・アナリティカ」という会社で、ここがトランプ陣営の選

21 https://www.mckinsey.com/business-functions/digital-mckinsey/our-insights/open-data-unlocking-innovation-and-performance-with-liquid-information

挙対策を行なっていたのだ。

フェイスブックスキャンダルが、これほどまでに問題視されたのは、個人情報が漏洩《ろうえい》してプライバシーが侵害されたことだけではない。**フェイスブックが持つ個人情報が政治目的に利用されたこと**。そして、**個人情報を得ることで人の態度変容を起こせる（この場合、具体的には選挙結果に影響を与える）ことが白日のもとになったことが、問題の本質**だ。

選挙に行く人を34万人増やした、個人情報の力

フェイスブックが持っているような、**ウェブ上で誰と誰が交友を持っているかといった情報は、ソーシャルグラフと呼ばれる**。このソーシャルグラフを利用すると、人の行動を変化させられることは、最近、様々な分野で指摘されている。

たとえば、アマゾンの元チーフサイエンティストは、フェイスブック上に「今日は投票日だから、投票に行こう」と広告を出したときのことについて、このように書いている。

その広告をフェイスブック上に出したときに「あなたの友達の中で、すでに誰と誰が投

票しましたよ」と見せた場合と、見せなかった場合を比較してどれくらい投票数が違うかを見る実験をしたらしい。

このとき、「自分の友人が投票した」と知らされたことによって、投票に行った人はプラス34万人といわれている。つまり、ウェブ上の交友関係の情報を持っているだけで、34万人もの人の行動を変えることができてしまったのだ[22]。

フェイスブックスキャンダルが起きる前から、政治運動のためのソーシャルグラフ活用がなされていたことがわかる。また、この事実が示すように、政治とソーシャルグラフのこの親和性の高さが、スキャンダルを引き起こしたのだろう。

しかも、このソーシャルグラフのデータは、顧客のプロファイリング情報よりも、よっぽど有効であることもわかってきた。

もうひとつ例をあげよう。アメリカにAT&Tという、日本でいえばNTTドコモのような携帯電話の会社がある。

この会社が新商品を打ち出すときに、顧客の交友関係データを元にして、新商品の案内を送る人を決めたのだそうだ。

22『アマゾノミクス　データ・サイエンティストはこう考える』（文藝春秋、2017）

具体的には、すでに新商品を契約している知り合いがいる顧客のみに、案内を送ったという。誰と誰が知り合いかは、通信記録があるかどうかを参考にした（AT&Tではそれを「通話先グラフ」と呼んでいたそうだ）。

わかっていたのは、その人たちがつながっているかどうか（通信したことがあるかどうか）ということだけ。どれくらい仲が良いか、実際に接触しているのかなどは関係なく、ただ「既に契約している人とつながりがある人」という条件で、新商品案内を送った。

その結果、この通話先グラフを使うと、契約数が5倍になるという驚きの事実が判明したそうだ。[23]

この手法は、第2章で紹介したコラボレイティブ・フィルタリングとは全く違う。ステイッチフィックスやアマゾンなどで使われているコラボレイティブ・フィルタリングは、「これを買った人は、これも買っています」といった、顧客の類似性からおすすめを決めるシステムである。わかりやすく言うと、「この商品を買ったAさんは、Bさんと購買傾向が似ているから、Bさんが気に入ったこれもおすすめしよう」といったアルゴリズムだ。だから、この場合は、AさんやBさんがこの先どんな商品を買うかによって、類似性の強度がどんどん変化していく。データがたまるほど、AさんとBさんの類似性が低くなることもあるだろう。

しかし先ほど紹介したAT&Tの話は、まったく違った話だ。このケースでは、その人が何歳か、男性か女性か、どんな趣味趣向があるかなどの顧客分析は全く関係なく、「その人が誰の友達か」というソーシャルグラフのデータを知るだけで、売り上げが5倍になってしまったのだから。

つまり、ここからわかることは、**「つながり」のデータそのものが、金脈だ**ということ。だからこそ、誰もがそのつながりのデータを欲しがる。そしてその**つながりが詰まっているフェイスブックのデータは、それを悪用したいと考える人の餌食になってしまった**のだ。

2018年10月には再びフェイスブックから5000万人以上の個人情報が流出した。[24] この〝2度めのフェイスブックスキャンダル〟により、フェイスブックはかつてない危機的な立場に立たされている。同社は、今後個人情報を守るためにより大きな投資をすると宣言しているが、この個人情報を守るための投資は莫大だ。

23 参考：『アマゾノミクス　データ・サイエンティストはこう考える』（文藝春秋、2017）
24 https://www.nytimes.com/2018/09/28/technology/facebook-hack-data-breach.html

ＧＤＰＲは日本企業にどんな影響を及ぼすのか

このフェイスブックスキャンダルを引き金に、個人情報保護の分野で法改正が急速に進もうとしている。そして、その法改正は、日本でビジネスを行なう人たちにとっても無関係ではない。

さまざまな影響の中で最も大きく、かつ日本でビジネスをする際にも知っておかなくてはならないのは、**ＥＵ圏において個人情報保護の流れが加速している**ということだろう。

もともとＥＵは、アメリカ発の巨大企業である「ＧＡＦＡ（グーグル、アップル、フェイスブック、アマゾン）」に対して対立的な構造があった。ＩＴ分野においてＥＵはアメリカの後塵を拝していることもあるし、自国で払われるべきＧＡＦＡの法人税が回避されている問題に対する反発も大きい。

また、もともと個人の情報へのアクセスに慎重な文化背景もあり、**ＥＵはこのフェイスブックスキャンダルと同時期に、ＧＤＰＲと呼ばれる規則を採択した。**

ＧＤＰＲとは「General Data Protection Regulation」の略で、日本語に訳すと「一般デー

タ保護規則」。この法律は、2018年5月25日から施行されている。

このGDPRで大きく変わったのは、以下の2点だ。

①IPアドレスやCookieも個人情報とみなす
②個人情報を取得する際には、ユーザーの同意が必要

IPアドレスとは、パソコン1台1台に与えられる住所のようなものだ。また、Cookieは以前このアドレスからどのようなサイトにアクセスしたかを保存しておく機能のことを指す。このCookieがあるからこそ、一度アクセスしたことがある情報には素早く接続できたり、過去の買い物の履歴を見ることができたりする。

現在日本やアメリカで自動的に収集されている、このIPアドレスやCookieも、GDPRでは個人情報とみなされることになった。IPアドレスやCookie単体では個人を特定することができないのだが、他の情報と組み合わせることで、個人を特定できる個人情報となり得るというのが、その主張だ。

個人情報を採取するプロセスも、ブラックボックス化してはいけないことになった。もちろん常にオープンにしていなくてはならないというわけではないが、監査請求があった場合は、ソースコードを見せる必要がある。また、個人情報を大量に扱う企業は、「データ保護オフィサー」を任命しなければならないといった項目もある。

このＧＤＰＲに違反した場合の罰金が巨額だ。

軽度の違反であれば、１０００万ユーロ（約13億円）または前年売上高の２パーセントのいずれか高いほう。権利侵害などの類であれば、２０００万ユーロ（約26億円）または前年売上高の４パーセントのいずれか高いほうという、巨額の制裁金が科せられる可能性がある。

「わが社はヨーロッパと取引がないから」「中小企業だから関係ない」などと言ってはいられない。

①ＥＵに支店、営業所などの拠点を持つ企業
②ＥＵに商品やサービスを提供している企業
③ＥＵから個人情報の処理について委託されている企業

これらに該当する企業はすべて、このGDPRに沿わなくてはならないとされているからだ。企業の規模は関係ないので、中小企業であっても対象になる。

もし現地に事務所がなかったとしても、インターネットを通じて顧客情報を取得する場合もこの法律が適用される。つまり、**現地従業員の情報や、日本からの駐在員の情報も対象になる**。注意しなくてはならないのは、**EU国内に旅行している日本人も、この法律適用の対象になる**ということだ。

現実的には、世界中のサービスが対応しなくてはならない法律といえるだろう。

GDPRによってAIビジネスはどう変わるのか

ここまでの話は、AIビジネスにかかわる皆さんにとっては周知のことだろう。では、このGDPRがAI開発をするコミュニティでどんな意味を持つのか。シリコンバレー視点でご紹介したい。

AI開発者にとってGDPRの課題のひとつは「AIが出力したものを説明できる状態にしておくこと」である。これはGDPRの法的規定として明記されているわけではないのだが、「説明を受ける権利」（Right to explanation）が暗示的に含まれている。法律の中には、自動化された意思決定に関連する条項が数多くあり、特にＧＤＰＲの第22条および第13条から第15条の特定の規定がそれに当たるとされている。[25]

簡単に言うと、アルゴリズムの出力結果に関して、説明を受けることができる権利だ。特に金銭的なこと、法的なことなど個人に大きい影響を及ぼす判断に関しては説明を受ける権利があるとされる。

一例を挙げて考えてみよう。ローン申請をして断られた人が、なぜ断られたかの理由を聞く権利が、ＡＩや機械学習にも当てはまるとしよう。

たとえば、個人のリスク分析を行い、その人にお金を貸して焦げつくリスクが90パーセントとＡＩが予測したからローンを断った場合。そのときに、どうして90パーセントだったのか、何をどう分析したらそうなったのか、という説明をしなければならないのかということである。

人間に解釈可能なロジックで動作させつつ、機械学習やＡＩシステムのフルパワーを活用することは、結構複雑で、かつ簡単ではない技術的な課題なので、ＡＩ開発をする人たちの関心をよんでいる。

最近では、ディープラーニングに代表されるブラックボックス化したAIに対して、上記の理由から中立的な立場をとり、XAI（Explainable AI＝説明可能なAI）を作ろうという技術者の動きも出てきた。[26]

アメリカ国防総省のDARPA（国防高等研究計画局）では、2017年にXAIプログラムをローンチした。これは、AIの性能自体を犠牲にすることなく、ブラックボックスではなく、「グラスボックス（透明のガラスの箱）」に入った説明可能なAIをどうやって作るかを模索するプロジェクトだ。

このような説明は、最終的には、AIの専門家でない人が理解できる形で提供されなければならないと考えられている。

これは医療業界での使用事例を想像していただければわかりやすい。今後は、診断や治療の過程でAIの判断を使用することが増えるだろう。そのときに、医療の現場にいる人たち（医師、看護師、ソーシャルワーカー、患者、患者の家族など）が理解できる形でAIが

25 https://academic.oup.com/idpl/article/7/4/233/4762325
26 https://www.darpa.mil/program/explainable-artificial-intelligence

利用されることが大事なのだ。

このＸＡＩの浸透のために必要不可欠なのが、デザイナーの存在だといわれている。これについては次章で詳しく触れたい。

ＧＤＰＲの施行は日本にとってチャンス？

ＧＤＰＲの施行は、この5年の「オープンデータ化」で一気に進んだアメリカのＡＩの研究やＡＩビジネスを後退させる悪法だという向きもある。正直なところ、私自身も「どうしてこんなことになってしまったのだろう」と考えることもある。

しかし、単に悪法だと言って終わりではなく、ＥＵにおける法改正をＡＩビジネスを見直すよい機会と捉え、前向きに対処していくことも大事ではないかと考えている。

ひるがえって日本企業について考えてみよう。考えようによっては、ＧＤＰＲの施行は日本にとってチャンスになる可能性もある。

日本のＡＩビジネスはアメリカに比べて5年遅れているといわれてきた。

しかし皮肉なことに、アメリカがこの5年で進めたオープンデータ化によるＡＩの活用は、このＧＤＰＲの施行をきっかけに、一度根底から見直されようとしている。フェイスブックとグーグルだけではなく、大幅にビジネスモデルを変えなければならない企業もたくさんある。オープンデータを前提としたアメリカのＡＩビジネスにとっては、しばらく冬の時代が訪れるかもしれない。

しかしこれは、少し見方を変えれば、これから本格的にＡＩビジネスへの参入を検討している日本企業にとっては、チャンスともいえる。

この5年でアメリカが得た教訓を先に知ったうえで、同じ轍《てつ》を踏むことなくビジネスをスタートできるからだ。

私は、**ＧＤＰＲの施行をきっかけに、日本企業が世界的な競争力を取り戻すことを期待している。**

そのために、**日本の企業がすぐにでも取り組むべきなのは、現在収集しているデータの整理と、今後のデータ収集方法の検討だ。**

日本企業が今すぐ取り組むべきこと

日本企業が持つデータは、個人情報に関係する取り扱い注意のデータも、そうではないオープンにしてよいデータも、同じところで管理されているケースがよくある。

そのような場合、私たちのような外部のＡＩビジネスパートナーにデータ解析を依頼することひとつとっても、膨大な時間のロスが生じる。表に出せない機密データと表に出せるオープンデータをより分ける必要があるからだ。

これからは、データを取得する時点で、それらを分離させる設計が必要になるだろう。個人情報に紐づく重要なデータは、そこだけ取り出して別管理するように整理するのだ。

ＡＣＭ（Association for Computing Machinery）というアメリカで歴史のある機械学習やＡＩの研究者が集まる学会が発行している月刊誌にも、「ＧＤＰＲ用のＥＵデータベースとそうでないデータベースに分けたほうがよいだろう」という記事が掲載されていた。[27]

そのデータ管理の設計変更は、もちろん大変なことだろう。しかし、今やっておくことで、今後のビジネスのアドバンテージになる。AIビジネスを進める際に、どこまで外部に出していい情報かが整理されていれば、外部連携が簡単になり開発スピードが格段に早まるからだ。

どのような設計をして、どのような管理体制でデータを守るべきなのか。逆にどのようにすれば「このデータは外部に出せる」と円滑に判断できるのか。この準備を早急に進めるべきだ。もちろん、これからAIビジネスに取り組む企業は、必ずこれらを意識した設計にする必要があるだろう。

一番良くないのは、「一切のデータを見せないほうが安全だ」と思考停止してしまうことだ。すべての情報を隠す方向で内向きになってしまうと、ガラパゴス化し、今後必ずインフラ化するAI時代に対応できなくなる。

27「Communications of the ACM」Vol. 61 No. 11 "Weighing the Impact of GDPR"（Samuel Greengard）

今後、個人情報を暗号化する事業が増える

前項で、個人情報とそうではない情報を分けて管理することが重要だと述べたが、アメリカではさらに一歩進んで、この個人情報部分を暗号化して取り扱うことができる技術が注目を集めている。

たとえば、弊社が発行するＡＩ関連レポートを購入してくれる顧客がいた場合、その方のクレジットカード情報は、私たちの会社では保持しない。そのクレジットカード情報を暗号化してくれるシステムを使っているので、購入した人のクレジット番号もわからない。カードの決済におけるトラブルを、弊社が受けることもない。このクレジットカードで使われているような暗号化の技術を、個人情報の利用にも採用しようという動きが進んでいるのだ。

この分野では最近、ベリーグッドセキュリティというシリコンバレーのスタートアップ企業が注目を集めている。[28]

アメリカでは何をするにもソーシャルセキュリティ番号（社会保険番号）が必要だ。日本のマイナンバーのようなものだが、マイナンバー以上に、個人のクレジットスコアをはじめとする信用情報が蓄積されている。つまり、究極の個人情報だ。

基本的には（配偶者などを除き）誰にも教えずに保管しておく情報であるにもかかわらず、銀行口座を開けるとき、新しい職場で働くときなど、結構頻繁に自分のソーシャルセキュリティ番号を開示する場面がある。そして、それを不安に思う人も増えている。

そこで、このような個人情報を暗号化してやりとりできる技術を提供しようと試みているのが、このベリーグッドセキュリティ社だ。もちろんGDPRにも対応しているので、この会社のシステムを通して取得したデータや情報であれば、企業は理論上リスクなく利用することができるという。

GDPRに限らず個人情報の取り扱いが厳しくなるであろうこれからの時代には、ベリーグッドセキュリティ社のように、合法的に収集した情報を暗号化したりするデータパイプラインレイヤーの事業が増えるだろう。こういった動きにも今後注目していきたい。

28 https://www.verygoodsecurity.com/

POINT

■個人情報保護のための法改正には常に目を光らせる必要がある
■とくにＧＤＰＲでは個人情報の取り扱いが厳しく定められている
■説明可能なＡＩ（ＸＡＩ）の開発がスタートしている
■個人情報を合法的に取り扱う新規事業が注目を集めている

AIと著作権

機械学習用のフリー画像

イメージネットというデータベースをご存じだろうか。[29]

これは、スタンフォード大学のフェイフェイ・リー教授が、サバティカル休暇（長期休暇制度）を利用してグーグルのAIラボで働いた際に作ったデータベースである。ここには、大量の著作権フリーの画像が格納されている。AIに学習をさせる際、イメージネットの画像ならば著作権を主張されないので、多くのエンジニアがここの画像データを利用している。

『人工知能は人間を超えるか』（KADOKAWA）の著者である松尾豊先生の論文や講演

29 http://www.image-net.org/

には、猫の画像を使ったディープラーニングの話が登場するが、あの猫も、ここのサイトの画像だ。こういった画像が公にフリーで使えると、機械学習は進みやすくなる。

ここでは、ＡＩ時代の著作権について考えてみたい。

ＡＩが作る作品の著作権はどこに？

クリエイティブの世界にＡＩが浸透すると、著作権の概念にも変化が生まれると考えられる。

たとえば、あるコンテンツ制作会社では、新しいコンテンツの登場人物を考える際、既に世の中に出ている映画やアニメ、コミックなどの多くの人物を参考にしながら、新しいキャラクターを作っていくそうだ。

単純に言うと、背格好はこのキャラの雰囲気、髪型はこのキャラの雰囲気、目はこのキャラ、口元はこのキャラ……などと、いろんなキャラの画像を参考にしながら自身のオリジナリティを足し、新しい人物を作る。

こういった「過去の著作からヒントを得る」という作業は、多かれ少なかれ、クリエイティブの世界ではよくあることだ。

たとえば19世紀のギリシャが舞台の映画を撮るときに、『『ロード・オブ・ザ・リング』のリヴ・タイラーのイメージと、『スター・ウォーズ』のナタリー・ポートマンのイメージと……』などと、複数のキャラクターや世界観からインスピレーションをはたらかせている登場人物のイメージを作ることもよくあることだろう。それ自体は日常的に行なわれていることだ。

では、この「既存のキャラクターから、新しいキャラクターを発想する」作業をＡＩで行なったとしたら、どうだろう。

実際に私たちの会社でも手がけているのだが、ＧＡＮ（ギャン）と呼ばれる複数の画像から新しい画像を生み出す機械学習の手法がある。このＧＡＮは、ＡＩに取り組む人たちに、現在ちょっとしたブームとなっている人気の手法だ。

このＡＩに、いろいろな既存のキャラクターの画像を取り込み、学習をさせていくと、元のキャラクターがわからないレベルのいろいろな顔の画像が生成される。もちろんそれらの画像はそのまま使用するのではなく、キャラ設定をするために資料として使われるだけだ。参考にできる画像が大量にあれば、新キャラを考えるときの資料集めのコストを大きく減らすことができる。

さて、このような場合、このGANで生み出した成果物は著作権に違反するだろうか。たとえば、「少年ジャンプ」の漫画連載から1000人分のキャラクターの画像を取り込んで、それを2万回のトレーニングで全く違うキャラクターにすることは、合法だろうか。違法だろうか。それで金儲《かねもう》けをせずに趣味の範囲にとどめておけば良いのだろうか。

2018年秋現在、このような状況を想定した法律は、日本にはないと言われている。だから現在は、元データにどんな画像を取り込んだかを開示する必要はないといえる。しかし近い将来、AIがさまざまなシチュエーションで活用される時代を想定し、著作権法もアップデートされるだろう。

今後どんな法律が必要になり、可決されていくか。注視する必要があるだろう。

「クリエイティブ」「アート」の定義が変わる

著作権について考えることは、そのまま「クリエイティブとは一体なにか」「アートとは一体なにか」について考えることに直結する。

現在、ゴッホの絵を元にして、GANで専門家が認めるようなアートが作れるかどうかを研究している機関がある。美術館に収容されるようなアートがGANで作られる日も遠くないかもしれない。

つい最近も、GANの技術で作られた「エドモンド・ベラミーの肖像」と題した抽象画が、クリスティーズのオークションで、約4800万円で落札されたとニュースになった。[30]

このような研究が進むと「本物のアートとは何か」という定義も考え直されることだろう。AIが浸透した世界では、クリエイティブ、アートといった言葉の定義すら変わってくる。

30 https://www.christies.com/features/A-collaboration-between-two-artists-one-human-one-a-machine-9332-1.aspx

それだけではない。最近よく言われているのは、「メーカー」という言葉の定義も変わるだろうということだ。

たとえば、アップルはカリフォルニアに本社のあるメーカーだが、アイフォンやマックブックなどの商品のパーツを作っているのは日本や中国の企業だ。アパレルメーカーも、自動車メーカーも同様だ。自社製品を全て自社で作っているメーカーはほとんどないだろう。

アップルにしても、ユニクロにしても、トヨタにしても、部品を統合し、統合された商品を供給するチェーンとして機能しているため「メーカー」と呼ばれている。

しかし、第2章で紹介した台湾のメディアテックのような会社が増えてきたらどうなるだろう。新興国の携帯電話に使われるチップを作ったメディアテックのような会社のほうが、携帯のキャリア会社よりも、より「メーカー」らしいといえるかもしれない。

たとえば今後、車がすべて自動運転になったとき、日本の車メーカーは「メーカー」としてどこまで力を発揮できるだろうか。現在「メーカー」といわれている企業の役割はどのように変わっていくのだろうか。

業界が成熟するほど、プレイヤー同士の囲い込みの優先性（あるいは顧客の依存性）は失われるといわれている。そうなると、「それなりに良い質」のプロダクトをより早く、安く、カスタムに生産することができるモジュール型メーカーが有利になるだろう。

これからは、世界中に、メディアテックのような、〝鍵〟となる部品を作る「モジュールプレイヤー」が出てきて、それをみんなが買ったりつぎはぎしたりする時代が到来する。モジュールを販売する「メーカー」としての個人商店もたくさんできるはずだ。スタートアップや中小企業でも、この〝鍵〟となる領域を押さえることができれば、大きなチャンスをつかめるだろう。

GAFAのような巨大なデータプラットフォーマーだけが鍵を握っているとは限らない。その鍵が皆さんのいる業界では何なのか、それぞれ考えてみてほしい。

POINT

■著作権に関しては、まだAIに対応した法整備がされていない
■AI時代には、言葉の定義も企業の競争の仕方も変わっていく

第 5 章

AI人材とこれからの日本

AI時代の到来に備え、
私たちはどのような戦略を立てるべきだろうか。
ことAIビジネスにおいては、
世界的に存在感がないといわれる日本だが
まだ、挽回の可能性はある。
そのために必要なAI人材と
今後の展望について考えたい。

ＡＩビジネスに必要な人材

データサイエンティストとはどんな仕事？

ここからは、ＡＩ時代に必要とされるビジネススキルについて見ていきたい。

大前提として、これからの時代は、事務職の人であれ専門職の人であれ、ＡＩの活用は不可避になっていく。仕事においてメールの利用が必須になったように、ＡＩはインフラになっていくからだ。

そのことは前提にしたうえで、なかでもＡＩビジネスを推進していく職種に必要なビジネススキルについて話をしたい。

まずはここまでにも何度かその名が出てきたデータサイエンティストや、AIビジネスデザイナーが、どのような職種なのかを解説しよう。

また、現在データアナリストやソフトウェアエンジニアの職種についている人たちが、AIビジネスにかかわりたいと思ったら、どのようなキャリアパスがあるかについても話したい。

AIビジネスを進めるにあたって不可欠な職種がデータサイエンティストだ。よく聞かれるのだが、データアナリストとデータサイエンティストは、似ているようで全く異なる職種だ。

この2つの職種はどちらも数学・統計学を活用して、企業価値を向上するアイデアなどを提案する点では共通している。

しかし**データアナリストは、すでに整っているデータを分析して改善点などを見つけるのが主な業務であるのに対し、データサイエンティストは、機械学習を導入するためのデータ構造を設計し、それを実装する役割までを一貫して担う。**図16の表の下線および右側の項目が、データサイエンティストの付加価値の部分である。

図16　データアナリストとデータサイエンティストの比較

スキル	内容	データアナリスト	データサイエンティスト
数学・統計学	・統計モデルの構築 ・予測モデルの構築 ・モデルの最適化	◎	◎
プログラミング	・スクリプト言語(Python、Rなど) ・データベースのエンジニアリング ・ソフトウェアエンジニアリング	○	◎
機械学習	・教師あり学習 ・教師なし学習 ・強化学習		◎
データの可視化	・複雑な問題や課題の可視化 ・顧客をエンゲージできる説得力	○	◎
ビジネス戦略	・データ分析から事業の改善案を提案する ・データ分析から新しいビジネス提案をしてROIを生み出す	○	◎

パロアルトインサイト作成

2つの職種で求められるスキルが全く違うことがわかっていただけるだろうか。

データサイエンティストによっては、プログラミングに特化していたり、機械学習に特化していたりといった、個別のビジネススキルを持つ人もいる。

しかし、フルスタック（分業せずとも一人で仕事を進めることができる）のデータサイエンティストには、数学・統計学の素養に加え、機械学習、データの可視化能力、コミュニケーション能力、ビジネス戦略能力などが必要になる。

残念ながら数日間のAI研修に派遣しただけで、データアナリストが即戦力のデータサイエンティストに生まれ変わることは難しい。ただし、データアナリストに備わっている素養は、データサイエンティストになったとしても役立つことが多いだろう。

のちに詳しく説明するが、日本のIT人材は圧倒的に足りていない。なかでもデータサイエンティストは日本のみならず、世界中で引っ張りだこの職業だ。データアナリストが知識を増やし、データサイエンティストになるといったキャリアパスは十分に考えられる。

エンジニアにもさまざまな職域がある

エンジニアとデータサイエンティストもまた、違った職種である。

エンジニアには、インフラエンジニアからフロントエンドエンジニアまで、さまざまな職域がある。アイフォンやアンドロイドに特化したiOSエンジニア、アンドロイドエンジニアもいる。

図17は簡略化したものではあるが、これでいうと、データサイエンティストは、AIに特化したマシンラーニング（機械学習）のエンジニアに近いといえる。

エンジニアによっては、ひとつの領域を専門にしている人もいるし、フルスタック（すべて）を網羅したソフトウェアエンジニアもいるだろう。フルスタックのソフトウェアエンジニアやAWSなどを使いこなせるインフラエンジニアは、データサイエンティスト同様、今後のAI時代に最も重宝される職業のひとつだ。

何かしらのアプリケーションやプロダクトを作りたいのであれば、データサイエンティ

図17　エンジニアの職域

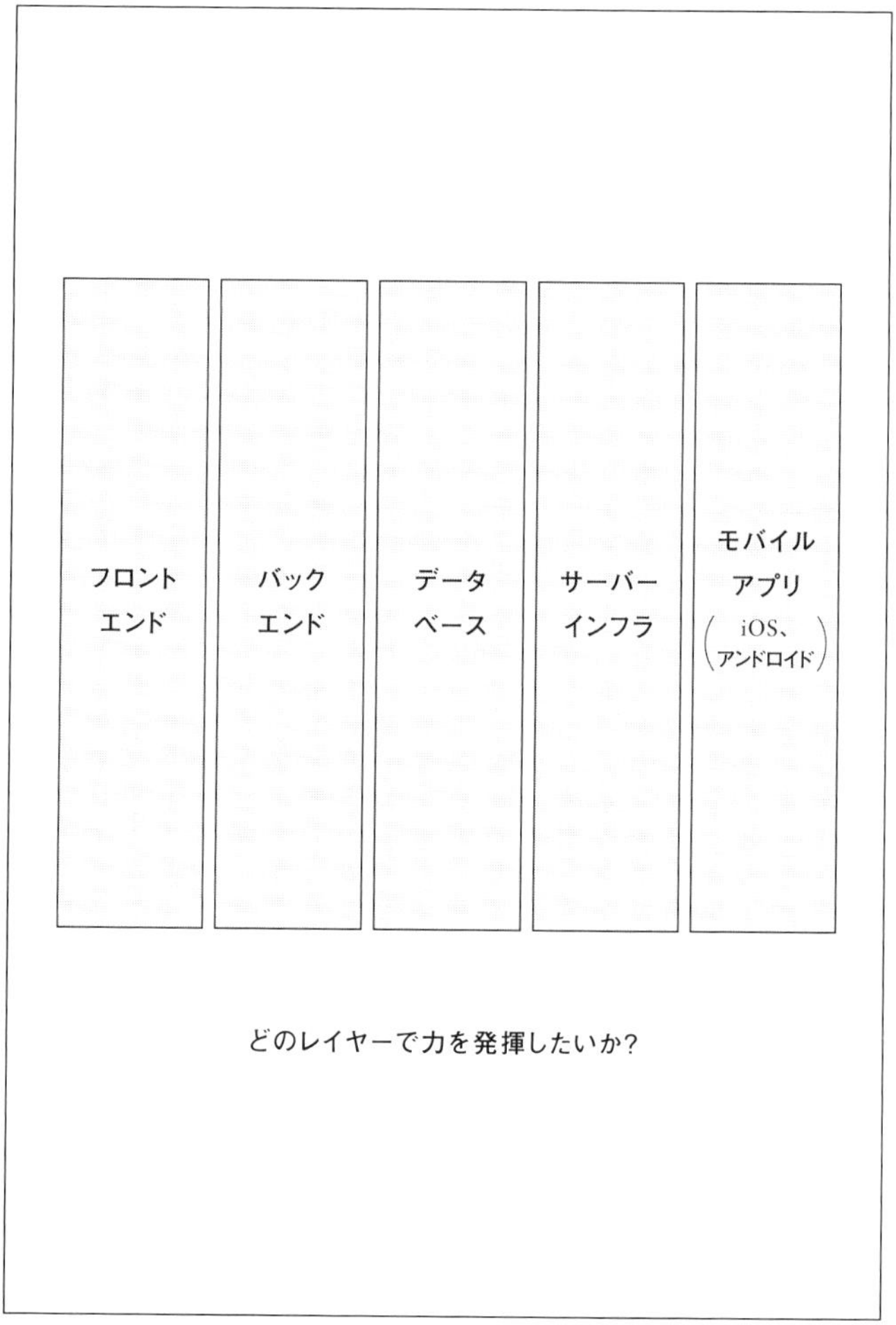

スト1人に対し、フルスタックやインフラに強いエンジニアがトータルで最低でも3～5人くらいは必要だと考える。課題にもよるが、データサイエンティストのみ大量に抱えればすべてのＡＩ案件を回せるというわけではない。（なかにはインフラから機械学習モデル、ビジュアライゼーションとコミュニケーションができてビジネスセンスもあるフルスタックデータサイエンティストもいるが、なかなか稀である）

現在、何かの専門エンジニアの人は、フルスタックのソフトウェアエンジニアを目指すのもよいし、データサイエンティストになるための勉強をするのもいいだろう。

ＡＩビジネスデザイナーとはどんな仕事？

私たちの会社の組織図（図18）をご覧になればわかるように、ＡＩビジネスデザイナーは、経営層とソフトウェアエンジニアやデータサイエンティストをつなぐ役割を担う。「ビジネスデザイン」という言葉は、アメリカでは90年代から使われるようになり、その必要性はどの企業の経営者にも認められている。

図18　パロアルトインサイトの組織図（企業と協業する場合）

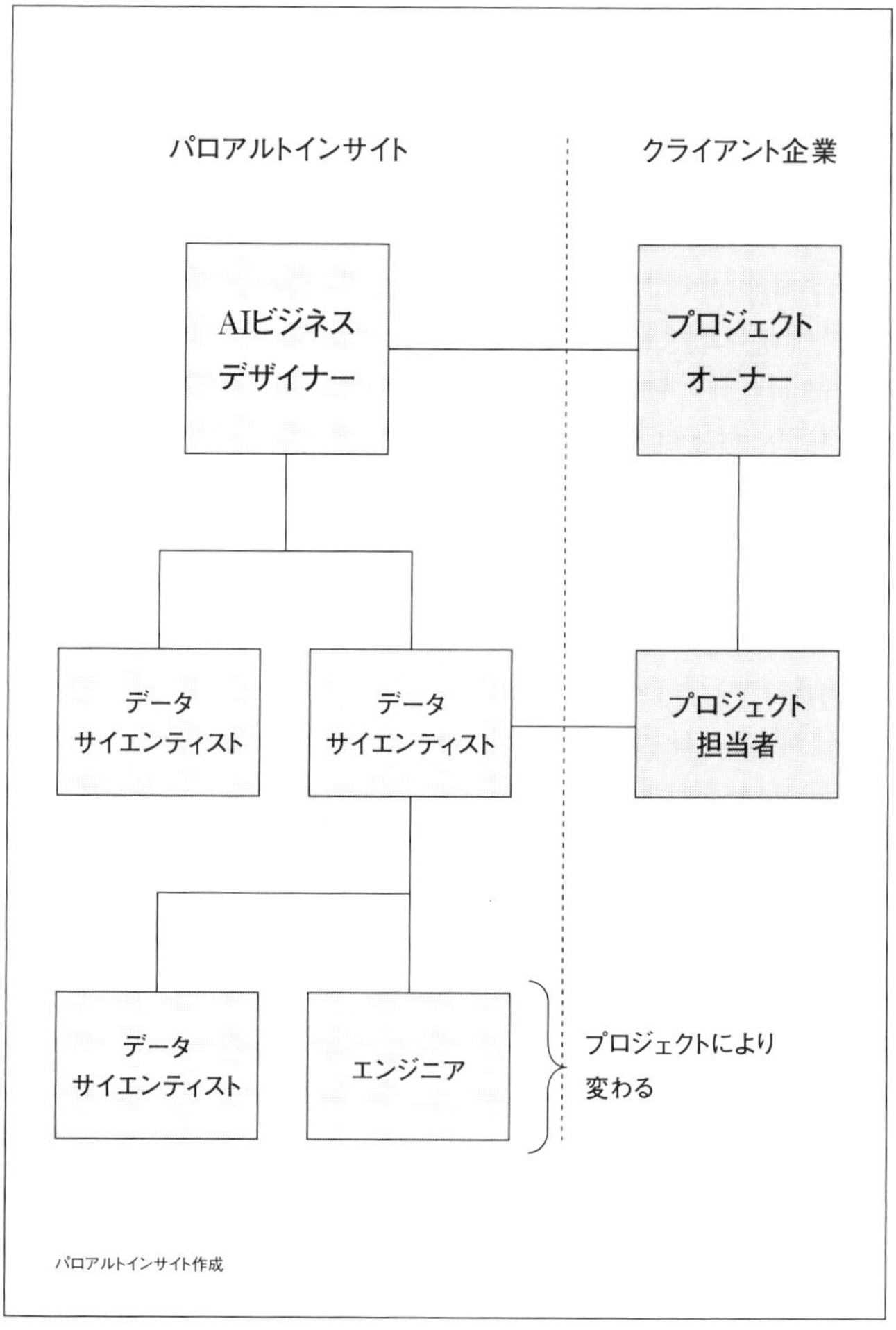

世界最大級のイノベーションカンパニー、アイディオ（ＩＤＥＯ）によると、ビジネスデザイナーとは、企業課題を理解して関連性の高い情報（定性的、定量的）を集めて解釈し、イノベーションを作り出す職業だと定義されている。**デザイン＝構想設計するという言葉どおり、企業の成長戦略を選定し、具体的な形に落とし込んで舵取りをする職**[31]である。

またトロント大学の経営学部では、ビジネスデザインを以下のように定義している。[32]

「ビジネスデザインは、人間中心のイノベーションアプローチである。組織が新しい価値と新しい形の競争優位性を生み出すために、ビジネス戦略と、顧客への共感、そしてユーザー体験のデザインを統合するアプローチを指す」

日本ではデザインというと、ポスターや雑誌、食器、あるいはオフィスや店舗といった有形のデザインを想像される方もいるかもしれないが、このとおり、経営課題とユーザー体験によりそった非常に重要な問題解決手法のひとつなのである。

ＡＩビジネスデザイナーは、ＡＩを軸に、ビジネスの構想設計ができる人。一言でまとめるなら、**ＡＩの話がわかって、かつ経営課題をＡＩに落とし込めることがＡＩビジネスデザイナーの条件**といえるだろうか。

必ずしも自分でプログラミングができる必要はないが、AIの概念が理解できていて、さらに経営についてもわかるといった、両軸が必要になる。

データサイエンティストを増やすことはもちろん急務だが、私の感覚値でいうと、データサイエンティスト10人に対して、AIビジネスデザイナーを1人の割合くらいで育てないと、実際に経営にインパクトを与えるAIビジネスが生まれないのではないかと感じる。

イデオでは、ビジネス性（Viability）、ユーザーのニーズ（Desirability）、技術性（Feasibility）の3つのベン図が重なったスイートスポットがイノベーションだと定義づけているという。[33]（図19）

アイディオのビジネスデザイナーはそのうちの「ビジネス性」のパートをすべてデザインする役目であるが、私たちの会社では、AIビジネスデザイナーは顧客の課題を理解し、エンドユーザーのニーズを理解し、技術的な課題に落とし込み、ビジネスモデルをデザインして検証する役目だと定義づけている。

日本企業の場合、社内にデータサイエンティストはいるが、AIビジネスデザイナーに

31 https://www.ideo.com/jobs/business-design
32 http://www.rotman.utoronto.ca/FacultyAndResearch/EducationCentres/DesignWorks/About-BD
33 https://medium.com/ideo-stories/so-you-want-to-be-a-business-designer-e424f89cea4b

図19　イノベーションはどこから起こる?

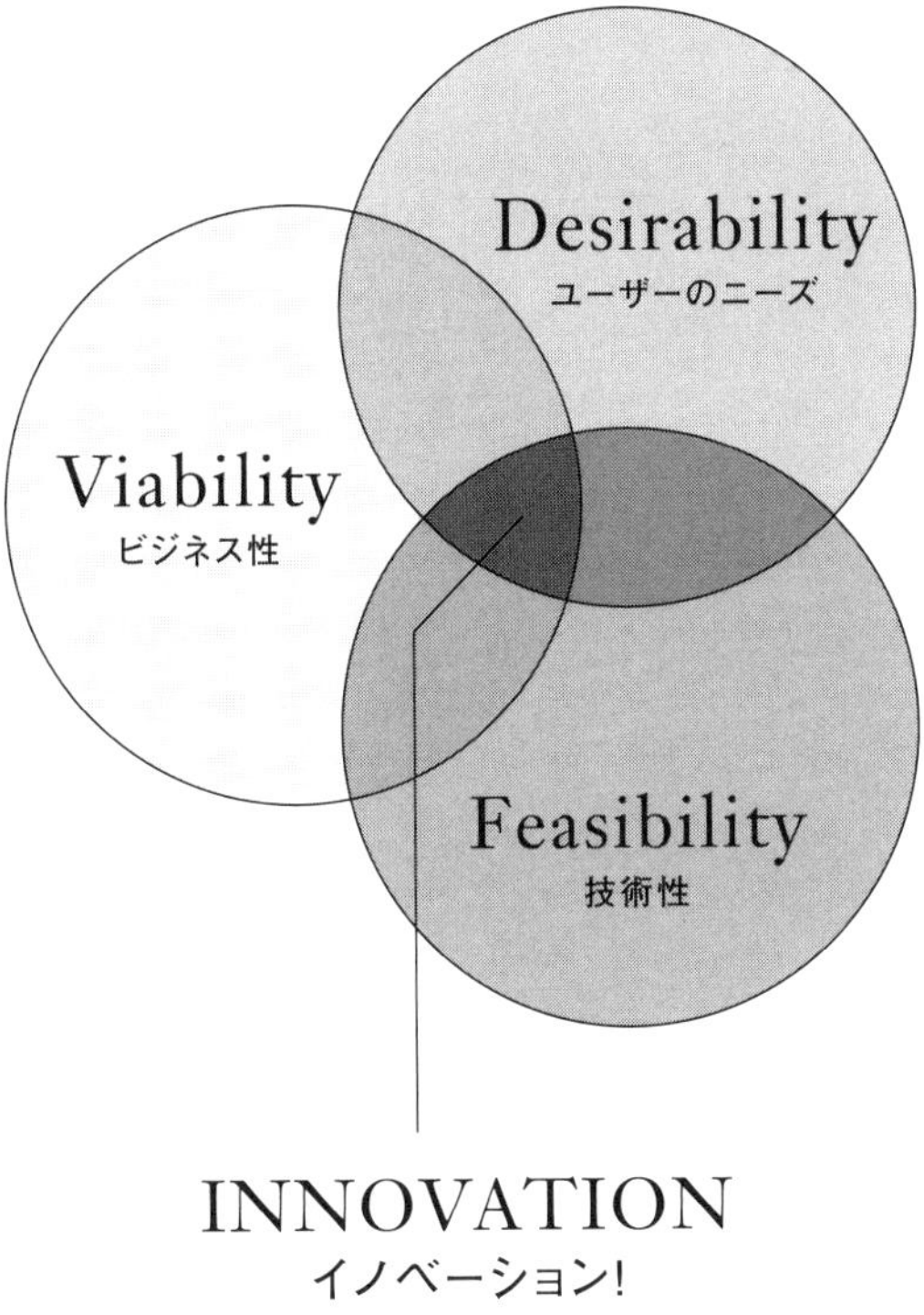

出典:https://medium.com/ideo-stories/so-you-want-to-be-a-business-designer-e424f89cea4b

あたる職種の人がいない場合が多い。その場合は、やはりデータサイエンティストを束ね、その船がどこに向かうかを舵とりできるＡＩビジネスデザイナーを育てるとよいのではないだろうか。

社内にデータサイエンティストがいない企業も多いが、その場合は、弊社のようなパートナー会社とＡＩビジネスを進めることになるだろう。そのケースでは、企業側の窓口になる立場の人は、社外のデータサイエンティストやＡＩビジネスデザイナーとともに、ＡＩを実装する経験を積むことができる。

その立場の人は、その経験を生かして、その後ＡＩビジネスデザイナーとして活躍できる可能性がありそうだ。繰り返しになるが、既存の部署であれば、ＡＩビジネスパートナーとの窓口になる経営企画部や新規事業部などにそのような人材が育つと良いのではないかと感じる。

ＡＩビジネスデザイナーも、これからのＡＩ時代に必ず求められる職種だ。ＡＩの概念がわかり、かつ、ＭＢＡなどで経営を学んでいる人などが適当といえる。抽象的な構想設計ができて、かつユーザーストーリーの形に落とし込み物語が語れる人。そしてそれを、具体的なプロジェクトとして推進できる人だ。タイプ的には、次章で詳しく説明するが、異なるジャンルの概念を掛け合わせて発想することができる人が向くだろう。

ＡＩ人材を育てるために今後必要な教育とは

先ほど、数日間のＡＩ研修に派遣しただけでは、データアナリストが即戦力のあるデータサイエンティストにはなれないと言った。

とはいえ、研修は非常に大事である。なぜなら、日本では今後圧倒的にＡＩ人材が不足すると考えられるからだ。

経産省によると国内のＩＴ人材は２０３０年までに最大78・９万人不足する見込みだ。[34]潜在的スキルを持つ統計学専攻などの大卒者は日本の年間４０００人弱に対しアメリカは２万５０００人なので、日本はデータサイエンティストが圧倒的に足りなくなる計算だ。とすれば、日本は、学校教育や研修などでどんどん将来のデータサイエンティストを育てる必要があることは言うまでもない。

ＡＩ人材を育てるための教育については、次章でも詳しく話したい。

POINT

- データアナリストとデータサイエンティストは別の職種
- AIビジネスデザイナーは、エンジニアと企業の間にたち、企業の課題解決に踏み込む
- 現在の職種からのキャリアパスも考えうる

34 http://www.meti.go.jp/policy/it_policy/jinzai/27FY_report.html

ＡＩ人材は今後ますます高騰する

１億円のＡＩ人材リクルートコンペ

先ほど紹介した、データサイエンティスト、ソフトウェアエンジニア、ＡＩビジネスデザイナーなど、いわゆる〝ＡＩ人材〟の価値は、今後確実に高騰するといわれている。

今、ＡＩ人材が世界的にどのように評価されているか、例をあげながら見ていきたい。

シアトルに本社を持つ会社で、ジロウ（Zillow）という不動産売買のマッチングプラットフォームがある。家を売りたい人が物件を載せ、買いたい人が探してマッチングする売買モデルのほか、家を持っている人が、「今はまだ売らないけれど、自分の家の価値がどれくらい上下しているのかを常に見ていたい」というニーズに応えたサービスで、月に約2億人が利用している。[35]

このジロウにとって事業の生命線は、どれだけ正確な不動産売買の予想価格を出すかにある。「ジロウには1億2000万で売れると言われたのに、実際に売りに出したら8000万の値しかつかなかった」となると、サービスの信憑性《しんぴょうせい》も落ちてしまうだろう。だから、より正確な推測ができるAIを開発することが、そのまま事業の成長に直結する。

そこでジロウが打った手が、この価格予想のアルゴリズムを作ってくれるデータサイエンティストをオープンにキャグルで募集することだった。キャグルについては第3章でご紹介したとおりだ。世界中の優秀なデータサイエンティストが集まるコンペプラットフォーム上に「価格予想アルゴリズムを作ってください。データはこちらです」と募集をかけたというわけだ。サイトには、「現在のジロウのアルゴリズムに比べてよりよいAIを開発した最優秀エンジニアには1億4000万円払います」と大きくメッセージが掲載されている。[36]

このジロウの戦略は非常に的を射ていると、アメリカでも話題だ。なぜなら、**アメリカでは今、優秀なAI人材には年俸3000万円以上払っている企業が少なくない**からだ。

35 http://investors.zillowgroup.com/
36 https://www.kaggle.com/c/zillow-prize-1

1・4億円で優れたアルゴリズムを手に入れ、世界中の優秀なデータサイエンティストコミュニティにジロウはデータ・ネイティブカンパニーであることを認知させることができるのであれば、安いものだ。

データサイエンティスト側は、キャグルでコンペを出している企業とそうでない企業があったら、前者を就職先として選びたいと考える人が多い。だから、会社によっては技術者コミュニティへのブランディングとリクルーティングとしてキャグルコンペをする会社もある。

「あの会社はデータサイエンティストを重要視している」と思われれば、リクルートとしても大成功。結果的に優秀なデータサイエンティストを採用しやすくなる。それほど、優秀なＡＩ人材をどう採用するかは各社の課題になっているのだ。

また、このコンペに臨むデータサイエンティストのために、ジロウはプロジェクトだけではなく、自社のデータを公開している。この「透明性がある」ということも、会社のブランド価値を高めている。

よりよいＡＩモデルが手に入り、よいＡＩ人材も集まり、ブランドも認知される。とても上手な戦略だと感じる。

フェイスブックの平均年収は３６００万円

テンセント傘下の研究機関がまとめた「ＡＩ人材白書」によると、**世界の企業が必要としているＡＩ人材は約１００万人。これに対し実際に活動している専門人材は30万人しかおらず、70万人のＡＩ人材が不足している**との調査がある。

データサイエンティストと呼ばれるデータ分析家の平均年収は、株やサインオンボーナス（入社時に払われる一時金）なども入れるとフェイスブックで３６００万円[37]。グーグルやアマゾンもほぼ同水準で、ＩＢＭなど大企業ですら人材確保に苦労している。

たとえば、格安ＳＩＭの普及で急速に成長している中国のファーウェイ（ＨＵＡＷＥＩ）本社のエンジニアの初任給は83万円[38]。それに比べて日本の大卒初任給は20万円なので、ファーウェイの人材戦略は日本企業の人事部から「ファーウェイショック」と呼ばれた。

インドでも、優秀なエンジニアは初年度の年俸は１５００万円を超える。これがディープラーニングの研究所長クラスだったら、シリコンバレーでは年棒10億円。それくらいの値段は珍しくなくなっている。

37 https://medium.com/@paysa/the-sexiest-job-of-the-21st-century-938de250542c
38 https://president.jp/articles/-/24409

海外に流出する優秀な人材

年功序列型の日本では、世界中で巻き起こっているＡＩ人材争奪合戦に乗り遅れていると感じる。日本では、エンジニアであろうと営業職であろうと初任給は基本的に一緒だ。この構造が変わらないかぎり、今後は優秀なエンジニアであればあるほど、海外で働くといった人材流出が進むだろう。

私の友人にも、日本のＩＴ企業で働き、その後アマゾンで機械学習をやっていたエンジニアがいる。彼は今、サンフランシスコの大手ＩＴ企業の本社で働いているが、エンジニアにとってアメリカの就労環境は天国だと言う。

「給料はあっという間に何倍にもなるし、オフィスに行かずに仕事をしてもよいし、クリエイティブな仕事だし、日本のエンジニアはみんなアメリカにくればいいのに」とよく話している。

実際、今、日本の大企業では、ＡＩに詳しい若くて優秀な人材ほど会社を辞めてしまうジレンマに悩まされているという。

これは、日本における「エンジニア35歳定年説」も、問題に輪をかけていると思われる。日本では、35歳前後で管理職にされてしまうエンジニアが多く、モチベーションが下がる元エンジニアが大量発生するといわれている。

アメリカでは、管理職になりたいエンジニアには管理職への道もあるが、何歳になってもコーディングを続けるエンジニアもいる。

エンジニアとして長く働けると思った若者たちが国外に流出してしまうのだとしたら、日本も「エンジニア35歳定年」のこの仕組み自体、考え直さなくてはならないだろう。

インドから才能を輸入したメルカリ

世界的なAI人材争奪戦にいち早く対応し、手を打っている企業もある。

2018年10月、メルカリにインド人32名が入社したと話題になった。[39] これは、その前年、メルカリがインドの理系の大学生・大学院生を集め、ソフトウェア開発などのアイデアを競うコンペを実施してリクルートした社員だそう。

このコンペには1400人もの応募があり、そのうちコードやプログラミングのテスト

39 https://www.asahi.com/articles/ASLB13DY0LB1ULFA00G.html

と大学の成績評価を加味して、採用の声かけをしたのだとか。

またゾゾ（前スタートトゥデイ）の前澤友作社長も、機械学習の高度な技術者をツイッターで募り、1億円の年棒を提示した。

報道では、GAFA（グーグル、アップル、フェイスブック、アマゾン）と並んで世界のトップ人材を雇えるか、と書かれていたが、期待が高まる。

しかし、このようにAI人材に潤沢な予算が取れる企業は限られている。世界基準の予算を用意できない会社は、優秀なAI人材をどこから採用できるだろうか。採用できないとなると、育成することになる。その育成はどのようにすればいいだろうか。

ここからは日本がこれからのAI人材争奪戦でとれる戦略について考えていきたい。

POINT

■ AIビジネス人材は大量に不足している
■ 今後、AIビジネス人材の採用予算はさらに高騰化する

AI人材争奪戦。日本企業の選択肢は？

グローバルマーケット人材を採用するには？

メルカリのように、グローバルマーケット人材を採用するには、いくつかの整備が必要になる。

まず、優秀な人材を日本に呼ぶためにも、勤務年数や年齢などで一律にする給与制度を見直し、世界水準の給与を払う体制を整える必要があるだろう。

同時に、英語を公用語にすることや、社員の家族のためのサポート（日本で子育てしたいと思える環境を用意する）も欠かせない。

また、単に世界水準のエンジニアを雇うだけでは意味がない。**その頭脳を活用できるデー**

タ基盤がないと、ビジネスとして利益が出ないからだ。数千万円のデータサイエンティストをスカウトしてきても、自社に解析できるデータがなければ宝の持ち腐れになってしまう。ＡＩ人材が活躍するためには、そのための基盤が整っている必要がある。

たとえば、フェイスブックでは一社員あたりの利益が約８６００万円といわれている。[40]それほどに、効率的に人材を活用しているのだ。

ビッグデータを集めながら、そのデータを確実に収益に変えていく基盤、体制とプロセスがなければできることではない。

日本のモノづくりが持つ、ひとつの可能性

こういった話をすると、日本でＡＩビジネスを行なうのは無理なのかという議論になるのだが、私はそうは思わない。

確かに、シリコンバレーでＡＩビジネスに携わっている中では、日本の存在感を感じることはほとんどない。残念ながら、日本の企業にとっては、これから訪れるＡＩ時代を楽観できる状況ではないだろう。

しかしそれでも、私は日本のＡＩビジネスにはまだまだ可能性があると信じている。**日本が得意とする分野を軸にＡＩビジネスを考えることができれば、挽回の余地があるかもしれない**と思うからだ。

たとえば、シリコンバレーで「モノづくり」というと、ほぼ100パーセントソフトウェア開発を指す。ソフトウェア開発というのは、とにかく早くテストして、ダメだったらすぐに修正すればいい、といったカジュアルさがある。

それにひきかえ、日本の「モノづくり」は、ミスが許されない商品が多いのが特徴だ。たとえば車や船、家電、医療機器など、いわゆるハードウェアと呼ばれる商品である。ハードウェアは時代遅れだという人もいるが、日本の企業には、ハードの現場にプライドと高い知識を持った人たちがいる。

ソフトウェア出身の人たちは、「モノを作るのに2年も3年もかけてどうするの?」と言う。しかし、一方でハードを作る技術のプロではない。この隔たりをうまく埋めることができたら、日本にも起死回生のチャンスはあるだろう。

40 https://www.recode.net/2017/8/4/16090758/facebook-google-profit-per-employee-comparison-chart

モノづくりのスキルをＡＩ時代に生かす

たとえば、アメリカのスタートアップに、指輪から音楽が流れるガジェットを開発している企業がある。日本製品を見慣れた私にとっては、このような商品は、商品ではなくおもちゃの延長に見える。おもちゃ感のある商品は、それはそれで面白いのだが、こういった**アイデアを持つシリコンバレーの若者を、どう日本の大手企業につなげられるか**といった案件も最近では増えている。

シリコンバレーのアントレプレナーに話を聞くと、テスラにおけるパナソニックの電池のような、**ハードにおける最先端の技術にはみんな興味を持っている。**

第2章で紹介したホームセキュリティシステムのライトハウスＡＩなども、最終的にはソフト搭載型のハードだ。これからの時代は、結局ソフトとハード、両方が必要になってくる。そのときに、やはり中国の深圳《しんせん》に頼むと質が心配だ。できれば日本で商品を作りたいと考えているソフトウェア企業はたくさんある。

実際、私の友人のフランス人の起業家（シェアバイク用の太陽電池型のロックを開発、生産するハードウェアスタートアップ）は、生産ラインを中国に持つことは質の観点から不安があり、本当は日本で生産したかったけど資金が足りなかったため、投資もしてくれて生産技術もある台湾のOEMメーカーを最終的に選んだと話してくれた。

これからは、**日本の「モノづくり」が再び注目を集める時代が必ずくる**と私は考えている。そのときに、AI（ソフト）と日本のモノづくり（ハード）の理想的な融合ができれば、日本の企業にとっても大きなチャンスとなるだろう。

B2B企業にも活路はある

さらにいうと、日本企業はB2B商品の開発にも長けている。

アメリカでハードを作っているスタートアップは、B2Cが比較的多い。それゆえ、販売戦略になるとリアル店舗で売るのか、ネットで売るのかといった単純な選択肢しか持っていない。

しかし、B2Bの取引が多い日本企業には、どの企業と組めばよいか、OEMをどうするかといった、具体的な知識と経験が大量にある。

見方を変えれば、日本の企業は、サプライヤー（供給者）だらけともいえるだろう。第2章で紹介した台湾のメディアテックのように、**これからの時代はサプライヤーがその市場の鍵を握る可能性は多いにある。**サプライヤーだからこそ提供できる価値があるのだ。

この優位性を生かすためには、ソフトウェア開発に対して、もっとオープンになること。そして、ソフトウェア業界と共通言語を持ってビジネスを進める視点が求められる。

京都のモノづくりに見る日本の活路

現在、京都の製造業であるＪＯＨＮＡＮ株式会社と面白いプロジェクトが進行している。これは経産省の「スタートアップファクトリー」構築事業のプロジェクトだ。京都のモノづくりの会社にアメリカの機械学習のエンジニアを送り込み、モデル開発を行なっている。

このプロジェクトについて、少し説明したい。このプロジェクトに参加しているアメリカ人のエンジニアたちのやる気度を見るにつけ、日本にもまだまだＡＩ人材の確保策やＡＩビジネスの勝機があるように感じるからだ。

このプロジェクトは、日本の製造業のトレンドになっている試作設計から量産設計の過程に移行するときの課題である「量産の壁」をいかにして超えるか、そしてスタートアップコミュニティとどう連携できるかをミッションにしている。先ほど日本の優位性になるかもしれないと伝えた、「モノづくり」かつ「B2B商品」の分野である。

現在、この世界的な製造業のトレンドに最も応えているのは中国の深圳だ。多くのスタートアップが深圳で小ロットの試作品を安価に作り、その後量産化が決まったときにも、そのまま深圳の工場に商品を発注する。

しかしクオリティの面で、決してすべての発注先が満足しているとはいえない。日本の高いモノづくりクオリティで、少量多品種、そして量産の壁を超えることができたら、再び日本は世界のモノづくりの中心地になるのではないかと期待され、考案されたプロジェクトである。

ここに参加しているデータサイエンティストたちが、一様に「この仕事にやりがいを感じる」と言っていることは注目に値する。

現在取り組んでいるのは、目視検査をいかにＡＩで省人化するか。小ロットで教師データが足りない中で、どうＡＩに学習をさせるのか。どうやって汎用性の高いモデルを作れるか。最新の機械学習の手法や取り組みを製造業の現場で使うシーンはアメリカでもあまり例を見ない（ほとんど既製のＡＩ搭載カメラなどを使うため）。製造業とＡＩの掛け合わせならではの課題がたくさん出てきて、やりがいがあるというのだ。

日本のモノづくりと先端のＡＩを組み合わせることで、これまでになかったイノベーションが起こる可能性があるのではないかと、私は期待している。

世界のＴＯＰ２にどう食い込むか

現在、世界のＡＩビジネスは、アメリカと中国のＴＯＰ２が牽引している。

たとえば、２０１８年現在、世界のＡＩビジネスに対する投資額の50パーセントは中国の資金である。[41] アリババやバイドゥ、テンセントといった会社が投資をしているほか、政府もＡＩ事業に巨額の投資をしている。

最近注目を集めているのは、経済特区として都市全体をＡＩで管理するスマートシティ化計画だ。街じゅうの全ての信号にセンサーをつけ、あらゆるデータを集めている都市プロジェクトが、中国で500以上進行しているという。[42]

シリコンバレーにいても、中国人のデータサイエンティストは多い。大学までは中国で学び、大学院からアメリカに留学するケースが多いように思う。中国人のデータサイエンティストは、エンジニアとしても優秀だし、ビジネスの話もできる。起業家精神が旺盛で貪欲な人が多いといった印象だ。彼ら、彼女ら（女性のデータサイエンティストも多い）と話をするのは、とても刺激的だ。

日本では、中国のようにAI事業に多額の投資をしたり、世界的なAI企業を買収することも、中国のIT企業レベルでビッグデータを集めることも、現在の状況を考えると難しいだろう。しかし、先ほどの京都のプロジェクトのように、まだまだ日本にも活路はあると私は考える。

日本は言語の壁はあるが、治安もよく、先進国の中では物価も安く住みやすい国だと評価されている。実際、このプロジェクトにかかわったアメリカ人エンジニアは自ら志望して日本に2ヶ月ほど滞在している。

特に本書を執筆している2018年秋現在は、トランプ政権の影響もあり、優秀な外国

41 https://www.cbinsights.com/reports/CB-Insights_State-of-Artificial-Intelligence-2018.pdf

42 https://economictimes.indiatimes.com/news/international/world-news/china-has-highest-number-of-smart-city-pilot-projects-report/articleshow/62998738.cms

人エンジニアがアメリカではビザが取りにくくなっている。

アメリカのエンジニアだけではなく、**各国のＡＩビジネス人材の受け皿になるチャンスが、日本企業には大いにある**のではないだろうか。

私自身の話になるが、以前、講演会で講演を終えた後、「石角さんはなぜ日本市場向けにＡＩビジネスをやろうと思ったのですか?」と日本人の方に聞かれたことがある。私は、日本にはこのようなポテンシャルが多くあると信じているし、そのポテンシャルを引き伸ばすために、自分がシリコンバレーの本場で見たこと、進めてきたビジネスを生かして、少しでも貢献できたらと思っている、と答えた。そのくらい、ＡＩ時代の日本に可能性があると信じているのだ。

POINT

- ■日本のＡＩビジネスは「モノづくり」「Ｂ２Ｂ商品」に活路あり
- ■海外のＡＩ人材を積極的に受け入れ、イノベーションを起こせ

第 6 章

AI時代における私たちの働き方

最後に、AIが浸透した世界における、
人間の仕事の役割について考察しよう。
AIは仕事を奪うと論じられることが多いが、
それは本当だろうか。
機械に任せるべき仕事と人間がすべき仕事。
これから私たちのキャリアに
必要となる力について伝えたい。

ＡＩは私たちの仕事を奪わない

人間＋ＡＩ＝スーパーパワー

オックスフォード大学でＡＩ研究を行なうマイケル・Ａ・オズボーン准教授は、「人間が行う仕事の約半分が機械に取って代わる」と発表した。２０１３年のことである。

この研究結果を受け、日本では、「ＡＩに仕事を奪われる」「役割のなくなった人間は失業する」などといった議論がひとり歩きした感がある。

このようにＡＩ時代の到来についてネガティブな議論が先行するのは、日本特有だと感じる。理由のひとつはこれまでにも述べたように、身近にＡＩを理解している人が少なく、漠然とした不安を抱く人が多いことがあげられるだろう。

世界的にはむしろ、AIの浸透によって人間がより人間らしい仕事に時間を割くことができると、ポジティブに解釈されるケースが多いように感じる。

2018年のダボス会議で、アクセンチュアのCTOのポール・ドーアティが「人間の力にAIの技術が加われば、より強い力が生まれる（Human plus machine equal superpower.)」と演説した。これは、私も本当にその通りだと感じる。

確かに、今、人間が行なっている仕事の多くは、AIで代替可能になる時代がくるだろう。しかしそれは、機械に仕事を奪われると考えるのではなく、**人間が行なうには苦痛すぎる仕事をマシンにさせ、人間はよりクリエイティブな仕事につく**と考えるべきではないだろうか。

アメリカにあるガートナーというリサーチ会社によると、2020年までに**AIが奪う量の仕事よりも、AIが作り出す仕事のほうが多くなる**と予測されている。

たとえば、AIでバーチャルのパーソナルアシスタントを作っているx．aiというスタートアップの社長は、「自分の会社を見ていると、3分の2の仕事は、数年前にはなかった仕事だった」と述べている。[43] このように、ＡＩが奪う仕事にばかり目を向けるのではなく、ＡＩが生み出す仕事に着目することも大事である。

「僕の仕事はどうなりますか？」

ＡＩの導入によって、人間の仕事がどう変わるのか。弊社がＡＩ導入を進めた日本企業で実際に起こったケースを例に考察してみたい。

その企業からの依頼は、トラックの配車スケジュールをＡＩで最適化したいというものだった。トラックが商品を配送先に届けるのだが、どのトラックがどこに届けるか、という仕分けとスケジューリング（配車作業）は、これまで配車マンが毎日数時間かけて行なっていた。

そこで我々は、その配車システムを行なっているベテラン配車マンが、どのように配車を行なっているかをＡＩに学習させた。

結果的にこの配車マンが行なっている配車システムをモデル化して導入することができ

たのだが、このAIモデルを導入すると決めたときに、配車マンの方が言った言葉が忘れられない。

開口一番、彼は「これから僕の仕事はどうなるんでしょうか？」と、不安そうな声で聞いてきたのだ。

断言できるが、彼の仕事は、これからもなくならない。なくならないどころか、むしろこの配車システムを導入したことで、彼のポジションが最も安泰なポジションになったといえる。彼にはこれから、AIを教育するトレーナーとして活躍してもらわなくてはならないからだ。このAIモデルを企業内で横展開していくためには、彼の知見が最も重要になってくる。

AI時代に増える職業

このように、**AIを導入すると、これまでなかった仕事が生まれる**と言われている。

前述した配車マンのような「AIトレーナー」職もそのひとつだ。AIトレーナーとは、言語、人間の行動、人間の交流の機微など、AIシステムに行動の仕方を教える職種であ

43 https://x.ai/about/

る。あるいは、第2章で紹介したスティッチフィックスのスタイリストなどがそれに当たる。

また、私が以前勤めていたグーグルにも、このようなトレーナーがいた。

たとえば、グーグルショッピングのファッションカテゴリーチームには、プロのファッションモデルがこのAIトレーナーの役割をしていた。

彼女たちには、「ショルダーバッグとボディバッグはどう違うの?」とか、「エスパドリーユとサンダルはどう違うのか?」といったことを、AIに教える役目をしてもらっていた。これを教えることは、エンジニアにはお手上げである。プロのファッションモデルにトレーニングしてもらうことで、ユーザーが「エスパドリーユ」と検索したときに、正しい商品を表示することができるようになる。

トレンドが変わると、昔はポシェットと呼ばれていたものが、クロスボディと呼ばれるようになるといった変化も起きる。トレンドによって検索される言葉、タグづけされるべき言葉も違うから、その判断は大事で、これもファッションモデルの人的パワーに頼っていた。

別の例もあげよう。

フェイスブック上に投稿される文章がヘイトスピーチ（差別発言）であるかどうかの判断は、AIではなく、ほとんど人間が行なっている。

理屈では、AIにヘイトスピーチを学習させ、自動的に削除通告させることは可能だ。しかし、何をもってヘイトスピーチと定義づけるかは、様々な言語的文化的な背景による。たとえば、ミャンマー語で投稿された文章が差別的かどうかは、英語に訳して学習させるだけではわからない。ほぼ全世界の人が使用しているフェイスブックでは、ヘイトスピーチを定量化することは不可能だろう。だから、人間がチェックするというシステムをとっているのだそうだ。

また、2018年11月に行われた米中間選挙の当日、フェイスブックは本社に「War Room」という特別部屋を作り、そこで24時間シフト制で社員に選挙に関する投稿内容をチェックさせていた[44]。これも、選挙に対する投稿内容を削除すべきかどうかの判断は人間が行なっているということである。

44 https://www.nytimes.com/2018/11/07/business/facebook-midterms-misinformation.html

ＡＩトレーナーに必要な資質

ファッションモデルにしても、ミャンマー語のトレーナーにしても、ＡＩトレーナーに必要な資質は、ＡＩシステムのコンセプトを理解できていることだ。これは良いインプットデータであるとか、良くないデータであるとかを仕分けできる能力が必要なのだ。

そのためには、機械学習の仕組みを知っている必要もあるし、ファッションモデルであれば最新の流行を、ミャンマー語で言えば、ミャンマーの歴史背景を知っている必要があるだろう。ＡＩが判断する元データを、これは差別表現、これは差別表現にはあたらないなどとゼロかイチにする判断基準を作る人なので、物事を俯瞰《ふかん》してみるメタ認知の能力も必要だろう。

ファッション画像しかり、ヘイトスピーチしかり、またはこれが医療判断をするレントゲン画像だったとしても、それが瞬時にＡであるかＡでないかを判断できるのは、プロの人間の仕事である。このようなプロの領域の知見を持つ人は、ＡＩトレーナーとして重宝されるだろう。

先ほどの配車マンも同様だ。彼のプロとしての配車ノウハウがあったからこそ、AIを使った配車モデルを作ることができたのである。

最初はAI配車モデルを導入してもスムーズに浸透しなかった。そういうことは現場の人にはよくある話だ。慣れ親しんだワークフローがあるので、それを変えるのは抵抗もあるだろう。

しかし、そのAIモデルは彼の頭脳そのもの、分身とも言えるものだ。彼が毎日行なっていた配車の方法を学んだのが、そのAIモデルである。だからそのAIモデルが信じられないとしたら、彼が長年蓄積してきた自分のノウハウが信じられないと言っているようなものである。私たちは、彼に「自分自身が学習させたAIを信じてほしい。そして、これから先よりよい学習ができるように、さらにAIをトレーニングしてほしい」と伝えた。

AIの導入が進む過渡期には、このような違和感を覚える人もいるだろう。たとえば自動運転の車を運転していて、前の車が近づいてきて不安になってブレーキを踏みたくなったり、自動駐車機能を使ってみて、隣の車にぶつけるのではないかとハラハラしたりする人もいると思う。これからもこのように「ＡＩを信用していいのか」と考える瞬間は、皆さんにも数多く訪れるだろう。

しかし、**そのＡＩに学習材料を与えて教育しているのは人間であるケースが多い**ことを覚えていてほしい。（もちろん、最近はＡＩがゼロベースで学習していく技術も増えているが、ビジネスの現場に導入されているＡＩは教師あり学習も多いことを忘れてはならない）

そして、その学習の精度を上げていくのも、やはり人間である。

POINT

■ビジネスにおいては、人間とＡＩが融合したところにチャンスがある
■ＡＩに学習させる職業が増えていく

ＡＩ時代に増える仕事

ＡＩ導入は省人化のためではなく、作業の均質化のため

もちろん、ＡＩが導入されることによって、なくなる仕事もある。配車マンの彼のように全員がＡＩトレーナーになれるわけではないから、10人いる配車マンが、2人のＡＩトレーナーで済むようになってしまうかもしれない。

ＡＩは省人化やコスト削減のために導入されるケースも多いので、それがリストラにつながるケースも、もちろんあるだろう。（ただ、ほとんどの企業で人手不足が現状なので、その心配はないケースが多いが）

また、これはあくまでＡＩ導入をしている立場で感じることなのだが、省人化を目的にＡＩを導入する場合、純粋に単純労働を省人化したいというのではないケースが多い。どちらかというと、今まで数人のエキスパートに頼っており、スケールできなかった分野を、いかにＡＩで拡張展開可能にするかという課題のほうが多いのだ。

これまでエキスパートが属人的なプロセスを担っていた部署（配車マンなど）はたいていの場合、人手不足のほうが問題になっている。簡単に代わりが見つからないスキルを持っているからこそ、属人的なプロセスで今まで仕事が行なわれてきたともいえる。その方たちは、先ほど述べたとおりＡＩトレーナーとして新しいキャリアを積むチャンスが訪れる。

中国企業が米国でＡＩロボットを使って生産工場を開設

また、一番打撃を受けるといわれているブルーカラーワークに対しても、「ロボット管理者」という新しい職業が生まれつつあることをご存じだろうか。

協業ロボットや産業ロボットのコストはどんどん安くなっている。日本のある協業ロボメーカーのロボットは1台200万円くらいで取得できるそうだ。

しかし、**AI搭載型の産業ロボットが、ブルーカラーの仕事を奪うかというと、そうではない。**アメリカでは、今まで安い労働力の中国にアウトソースされていた製造業が国内にとどまって生産をして、新しい雇用を生むというケースもある。

たとえば、中国のTシャツメーカーである天元Garments Companyは、アディダス社向けにTシャツを生産しているが、去年アメリカの中部にあるアーカンソー州政府と覚書を結んだ。[45]

そこには、アーカンソー州のリトルロック市に新たに工場を開設し、400人の雇用をすること、時給は最低賃金より高い14ドルであることなどが記載されている。そして工場の中で作業をしているのは、AIスタートアップであるソフトウェアオートメーション社（ジョージア本拠地）のロボットだという。

産業ロボットが作業をしているのに、なぜアメリカ現地の人間を新たに400人も雇用する必要があるのだろうか。皆さんはそう思うかもしれない。でも、実際には常に絶え間なく変化する消費者の好みや劇的なプロセスの変化に産業ロボットが100パーセント自動で対応することはまだ難しいのである。

45 https://www.cbinsights.com/reports/CB-Insights_State-of-Artificial-Intelligence-2018.pdf

先日、車メーカーの中で一番ロボット化が進んでいることで有名なテスラの本社工場（カリフォルニア）を見学に行ったが、同じように産業ロボットと人間が作業していた。

ＡＩロボット導入で雇用を増やし賃金も上げたアマゾン

全米で50カ所の物流センターを運営するアマゾンは、高度に自動化されたシステムで有名（10万台以上のＡＩロボットを導入）だ。そのアマゾンが9万人以上を雇用し、同時に全米社員の最低賃金を15ドルに底上げしたことも同じ理由だろう。[46]

安い労働力を目的に中国にアウトソースしていた事業が、ＡＩロボットの導入で逆にアメリカに雇用を生むようになっている。単なる人海戦術の戦いだけなら安い労働力が魅力的だが、ＡＩが社会に浸透した社会ではこのようなハイブリッドモデルのほうが顧客マーケットに近い場所で生産できて物流コストも抑えられ、顧客との意思疎通もスムーズにはかれるので、結果的には効率的なのだ。

このようなビジネススキームが日本でも生かされると、日本でもっと雇用を増やすこと

ができるかもしれない。（同時に移民受け入れなどをして需要と供給のバランスを保つ必要はあるが）

すべてがAI化されるわけではない

また、あらゆる仕事がAI化されるわけではない。

図20でご紹介するのは、AIによる自動化5段階レベル表だ。

これは、自動車の自動運転を5段階で示している表があったのを参考にして、私たちがマーケティングの自動化レベルを表にしてみたものだ。

たとえば、マーケティング分野でレベル0の段階は、ほとんどの作業を人間がやっている状況。レベル1では人が80パーセント、AIが20パーセントの業務をやる状況だ。具体的には、ユーザーデータの分析から既存顧客の退会抑止を行なうなどがこれにあたる。

レベル2では、もう少し人の関与が減ってきて、新規顧客開拓や課金促進をAIが担当しているような状況である。

46 https://www.cnbc.com/2018/10/02/amazon-raises-minimum-wage-to-15-for-all-us-employees.html

図20　AIによるマーケティング自動化5段階のレベル

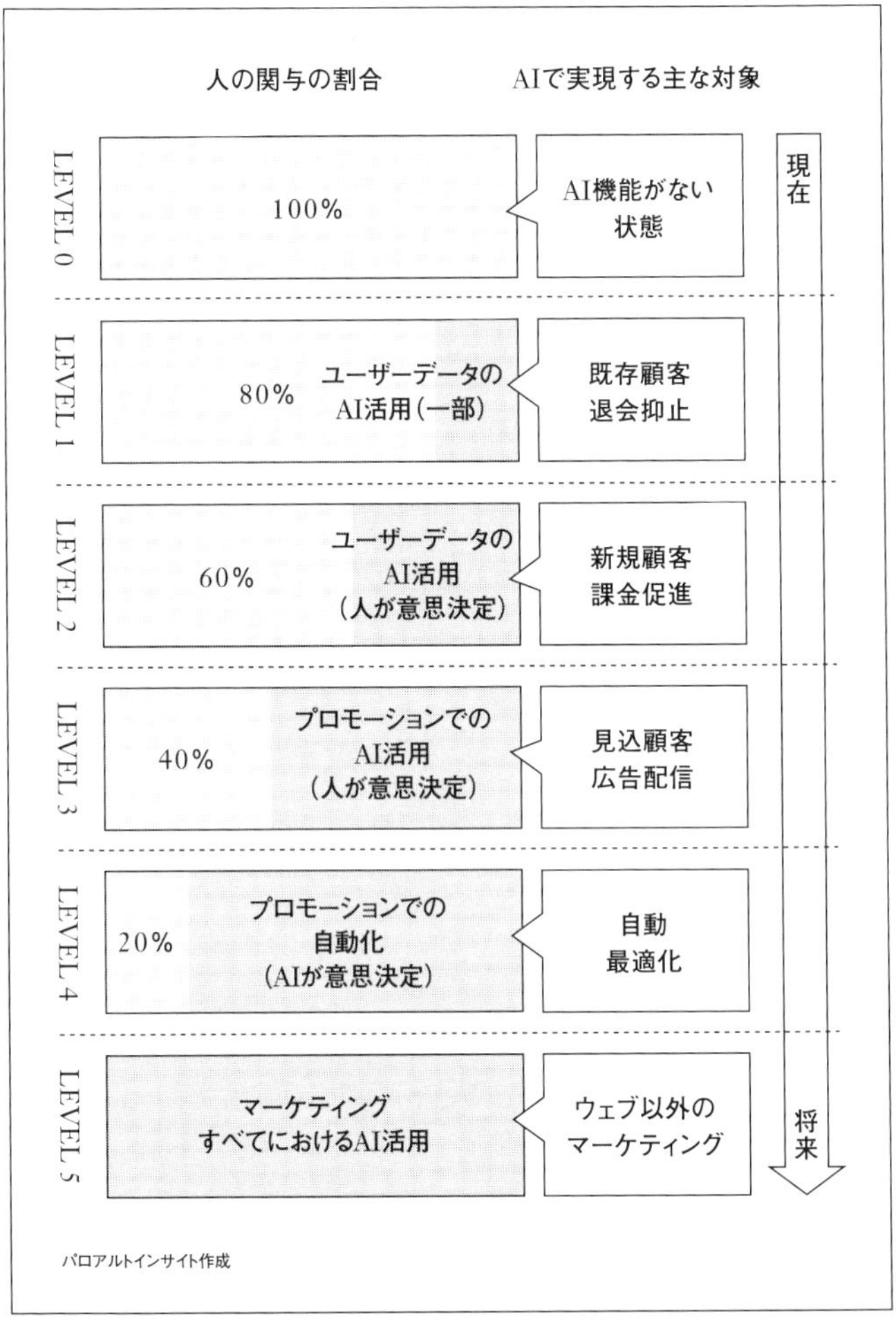

しかし、レベル0の現在からレベル5まで進むのには相当な労力がかかるのは皆さんも想像できるだろう。自動化を進めるためには商品の設計を変えなければいけないし、商品に携わるチームのオペレーションも変える必要がある。

また、そういった「AI化プロジェクト」を推進する過程で、新しいポジションが出てくることもある。レベル5になったとしても、モニタリングやチューニング、次フェーズへの改善など、人間がやることは山ほどあるだろう。

AI化によって生産性を上げていく

AIの導入によって、8時間の勤務時間のうち、6時間が浮いたのであれば、その時間をより重要な仕事に充てることができる。

今、日本は高齢化と少子化で、慢性的な人手不足だ。**この先はより一人あたりの生産性を上げていかないと、国際競争の中で生き残っていけない**。機械に任せられる部分は任せ、限りある時間を人間にしかできない仕事に充てていくと考えることは重要である。

つまり**これからは、ＡＩに仕事が奪われる時代になるのではなく、ＡＩを使いこなしてより良い仕事をしてキャリアアップしていく人と、そうでない人に分かれる時代になる**といえるだろう。

では、どんな人材が、これからの時代に生き残って活躍する人材になるのだろうか。これについて考えることは、これからの皆さんのキャリアをどう形成するかにかかわる重要な議題である。

POINT

- ＡＩ導入によって、ＡＩトレーナーやロボット管理者という新しい人間の仕事が生まれている
- あらゆる仕事がＡＩ化されるわけではない。人間がやるべき仕事は山ほどある
- ＡＩを使いこなすという発想が重要である

AI時代に生き残れる人、生き残れない人

これから生き残る3つのタイプ

AI時代に生き残る人材になるために必要なスキルは何かと考えたときには、少し古い書籍になるが、トーマス・フリードマンの『フラット化する世界』で描かれた3つのタイプが参考になる。

トーマス・フリードマンは書籍の中で、今後生き残れるのは3つのタイプの人材と書いている。ここで示される3つのタイプの人材は、AI時代に必要とされる人材とニアリーイコールだと私は考えている。

ひとつは、**「特化型」**。代替のきかない特化した高度でプロフェッショナルな技術を持っている人。たとえば誰にも真似できない自分の商品と市場を持っている人がこれにあたる。芸能人やアスリート、国立がんセンターで癌患者のオペを行なう医者や研究者など、簡単にＡＩで踏襲できないスキルを持った人があげられるだろう。

その次に言われているのが、「グレート・アダプター」と呼ばれる**「適応者」**だ。これは高い技術力を持っていて、市場で何が求められているかを考えながら、自分をいろいろな場所に適応させることができる人と定義されている。

面白いのは、いくら技術が高くても視野が狭い人は淘汰《とうた》されると書かれているところだ。技術が高く、かつ適応能力がある人が生き残るという。

そして最後のひとつが、「シンセサイザー」と呼ばれる**「合成役」**。これは、異業種の人材をまとめて動かす、コミュニケーション能力が高い人材を指す。

私自身も、この「合成能力」というのは、今後のＡＩ時代により求められるスキルになると感じている。

というのも、ＡＩで**仕事が自動化すればするほど、最後に残るニーズはＡＩで吐き出されたデータをどう価値に変えて、どう事業に結びつけていくかを考えることだからだ。**

これは、まさに「合成役」の仕事だし、AIビジネスデザイナーが担っている役割でもある。

私は今後、MBAの価値が今よりさらに高くなると考えている。最近のMBAプログラムはテクノロジーや起業に寄り添った授業をすることが多く、この「合成力」がより身につくと考えている。

アメリカで「CBO」という役職が生まれた意味

最近、アメリカで注目を集めているCBO（Chief Behavioral Officer＝最高行動責任者）という役職について話をしよう。

CBOとは、技術コミュニティとビジネスコミュニティの架け橋となり、心理学や行動科学の知見を生かして会社のマーケティング戦略を考える役割の人を指す。また、その仮説をデータやAIを使って検証するのもCBOの役割である。

これもやはり、AI時代に生まれた新しい職種で、先ほど解説した「合成役」としての仕事でもある。

事例をあげて説明しよう。

ニューヨークを拠点に活動しているレモネードという損害保険会社がある。２０１５年創業のスタートアップだが、シリコンバレーでトップクラスのセコイヤキャピタルやスライブキャピタルなどに加え、ソフトバンクも投資したことで注目を集めている。

この保険会社になぜ投資が集中しているかというと、人の行動を理解する意思決定論や行動経済学の研究を取り入れ、保険業界に画期的なイノベーションを起こしたからである。

レモネードはＡＩを活用して数秒で審査を行うボットシステムを開発した企業だ。クレーム処理もすべてＡＩで行なっている。また、保険代理人が自宅まで来てクレーム内容と被害状況の検査をすることもしない。虚偽判定や保険金詐欺防止のためのアルゴリズムを開発しており、それによって徹底したコストダウンが実現されているのである。そのため、従来の損害保険の４分の１程度の料金設定になっていて、たとえば、賃貸に住んでいる人の損害保険は月５ドルだ。

ＡＩを徹底的に活用して人的コストを最小限に抑える代わりに、レモネードが投資しているのが、行動経済学に基づいた研究と、それを生かしたモチベーション構築の仕組みである。

レモネードは、デューク大学の心理学教授であるダン・アリエリー教授をＣＢＯに迎え、保険会社と顧客の利害対立をなくすビジネスモデルを提唱し、『ソーシャルインシュランス（社会的な保険）』というコンセプトを生み出した。[47]

これは、顧客から保険請求されなかった保険料を、利益として留保せず、顧客が希望するＮＰＯ団体などの寄付に回す仕組みだ。

利益を寄付に回すことで、顧客は「自分が社会の役に立っている」と感じる。これは、顧客が不正請求しないモチベーションにつながっている。結果的に、顧客からの粉飾請求も減っているそうだ。

レモネードの強みは、ただＡＩを取り入れただけではなく、人間のモチベーションのメカニズムを科学的に理解したうえで考案されたビジネスモデルにある。だからこそ、他社が真似できない強みが生まれているし、顧客が離れないモデルを作ることができているのだ。

47 https://www.lemonade.com/blog/oh-behave/

イノベーションを起こすためには、多くの場合ビジネスモデルの変革が求められる。そしてそのビジネスモデルの変革に不可欠な要素のひとつが、レモネードが採用したような、ＡＩ×行動経済学といった、別領域の掛け合わせである。

ＣＢＯのように、技術コミュニティとビジネスコミュニティの架け橋となる職種は、これからもどんどん増えていくだろう。

ＡＩバイリンガルを育てる

ＡＩ時代に求められる人材の変化を受け、教育の現場も変わりつつある。

一時期、世界的にスペシャリスト教育がもてはやされ、ジェネラリストが否定される時代があった。Science, Technology, Engineering and Mathematicsの頭文字をとったＳＴＥＭ教育の流れも、スペシャリストを育てるためといえるだろう。しかし、これからのＡＩ時代は、先ほどのレモネードの例のように、**今あるものを組み合わせて、今までになかったものを生み出す力が求められる。**

今、アメリカで主流になりつつあるのは、ＡＩバイリンガルを育てる教育だ。

たとえば、スタンフォード大学と並んで、コンピュータサイエンスの分野で世界1、2位を争う実績を持つカーネギーメロン大学のリベラルアーツ学部ではコンピュータサイエンス学部の学生も、リベラルアーツ学部の学生と同じクラスで哲学などの授業を取り、哲学部の生徒が解析授業を取る。

たとえば、文学部では、「人文学解析」というクラスがあり、そのクラスではフランシス・ベーコン（哲学者）を中心とした近世イングランド地方の歴史上の人物がどうつながっていたかを表したデジタルソーシャルグラフを作ったりするという（図21）。

これは歴史上の文学や調査などに基づいた情報を、ビジュアライゼーション技術を使ってツールにする、真のAIバイリンガルのスキルがないと作れない。

リベラルアーツ学部の教授いわく、「今後、AIやロボティクスを研究する生徒は、歴史や哲学、法律や経済学の知識が必要だ」とのこと。これらを知らないと、AIが社会に融合したときに、自分たちが何を作るべきかを議論できなくなるからだと明言している。

実際に科目のラインナップを見てみると脳科学、経済学、心理学、データサイエンス、哲

図21　フランシス・ベーコンを中心としたデジタルソーシャルグラフ

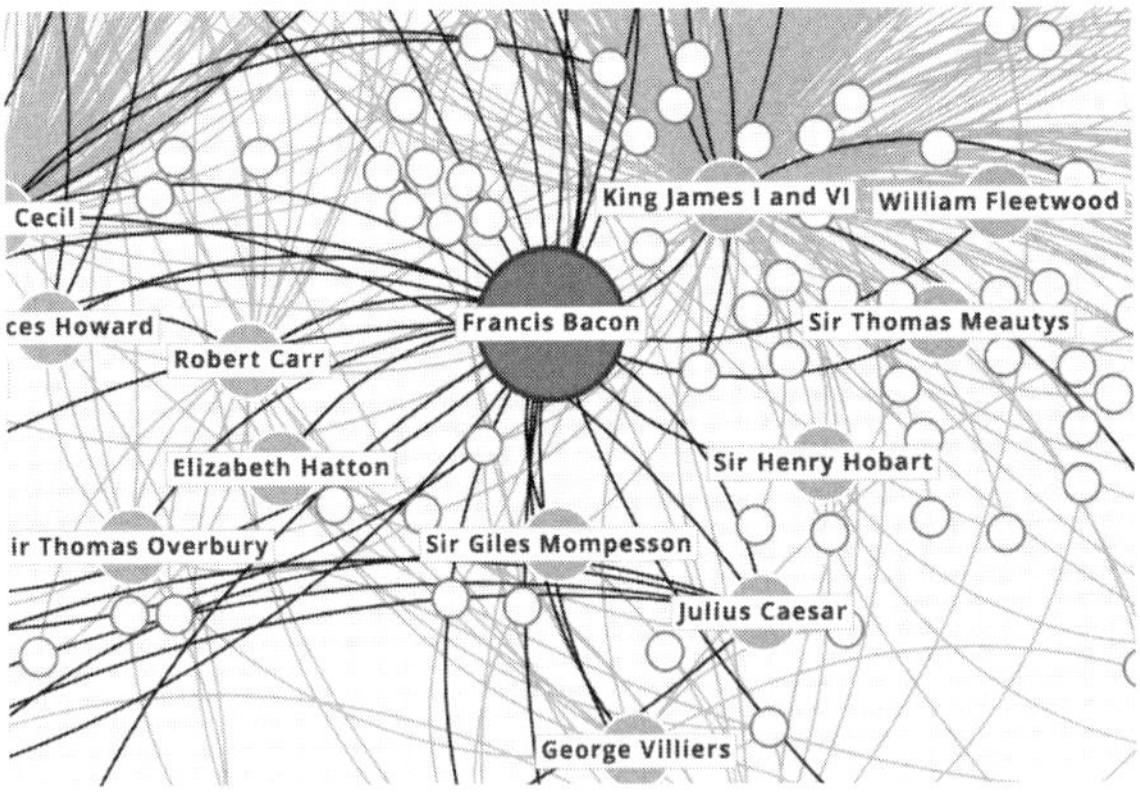

出典:https://www.cmu.edu/dietrich/english/news/2017/humanities-analytics.html

学、言語学などと多岐にわたる。

AI時代にビジネスインパクトを出すためには、なるべく離れた分野の知を組み合わせたほうがいい。文系、理系、プラス体育会系など、異なる見地から課題解決ができるAIバイリンガルを育てる教育が注目されているのだ。

MITでも、2019年にAIに特化した学部、AIカレッジを開校する。[48] 約1000億の資金の3分の2は既に寄付で集まっているというから驚きだ。しかし注目すべきはその予算規模だけではない。

このAIカレッジは、たとえば歴史学者が資料を調査する過程で自然言語処理技術を用いた解析ツールを自分で開発して使いこなすような人を育てる教育を行なう予定だという。生物学や歴史学、政治学などでAIを活用することが広がれば、文系と理系という垣根も無くなるだろう。

このような背景から、今、アメリカでは、ダブルメジャーと呼ばれる、文系理系をまたいで二重専攻した人たちが重宝されている。また、先ほど紹介したような、リベラルアー

48 https://www.nytimes.com/2018/10/15/technology/mit-college-artificial-intelligence.html

ツといわれる一般教養分野の学問を専攻する重要性も説かれている。

日本でＡＩを学びたいと思ったら、たいてい情報工学や理工学部に行くのではないだろうか。もちろんアメリカでもコンピュータサイエンス学部や電気工学部などは変わらず人気だ。しかし、今後はそれ単体ではなく、様々な素養を持ってＡＩと組み合わせることができる「ＡＩバイリンガル」が求められていくことを知っておくといいだろう。

POINT

■ これからの時代に生き残るのは「特化型」「適応者」「合成役」

■ 異なる領域を掛け合わせる力が必要

私たちはこれから何を学べばよいか

社会人になっても学び直しの時代に

AI時代に増える職種のイメージをしながら、実際に皆さん自身が、この先どんなスキルを磨いていくべきかを考えてみよう。

これからのAI時代、そして人生100年時代に、私たちは何を学び、どのようにビジネスキャリアを考えていけばよいだろうか。

現在、アメリカではリスキルの重要性がさかんに説かれている。

スタンフォード大学の機械学習の専門家、アンドリュー・ング教授は、「今後AIが社会に浸透していくと、今ある仕事の50パーセントは、2030年までに無くなる。これからは、社会人も新しいスキルセットを学べる場が必要だ」と宣言し、ムーク（MOOC＝Massive open online course）という、インターネット上で大学の講義が受講できるシステムを作った。

その授業プログラムはコーセラ（coursera）と呼ばれていて、一クラス100ドル程度の費用でMIT、スタンフォード大学などの授業が取れる。アリゾナ州立大学などはコーセラでコンピュータサイエンスの修士を取れるクラスを提供していて、それは1万5000ドルだ。仕事を続けながら2〜3年かけて修士号を自分のペースで取得できる。普通のクラスも修了書が発行されるので、データサイエンティストになろうと思えば誰でもトップクラスの授業が取れて、スキルセットを手に入れることができる。

今までは裕福でラッキーな人にしか手に入らなかった情報が、ムークによって拡大したことは、とても喜ばしいことだと思う。30代、40代、50代の人たちの中にも、今、このコーセラやその他のムークで学び直す人が増えている。**AI時代になったときに、仕事を見つけることができるかどうかは、今後自分にどれだけ「リスキル」の投資ができるかにかかっている**といえるだろう。

実は、私や私の会社のチームメンバーは常にムークの授業を取っている。課題は厳しいし、自分の仕事をしながら、オンライン授業を受ける時間を捻出することなどはなかなかハードだが、今後への投資だと思って優先的に時間を割いている。アウトプット重視の仕事環境の中で、世界最高レベルのインプットも手に入れられることになったのは、ムークのおかげだ。非常に感謝をしているし、学ぶことが純粋に楽しい。

企業の再トレーニングも加速

企業のほうも、人生100年時代に対応し、自社の従業員にトレーニングを積ませてリスキルの機会を与えなくてはならないと考えはじめている。

それまで工場のマシンを動かすだけだった人にAIトレーナーの教育をするとか、マーケターとして雇った人たちをデータサイエンティストに教育するとか。はたまた、エンジニアとして雇った人たちをAIビジネスデザイナーに教育するなど。

こうした従業員のリスキルの動きはまだ始まったばかりだが、間違いなくこの流れは加速し、各企業が人材の再教育に本腰を入れるはずである。

企業が数ヶ月のトレーニングを提供するケースも増えている。たとえばガルバナイズ（Galvanize）という会社では、200万円ほどの講習費用の3ヶ月集中講座で、朝から晩まで徹底したデータサイエンスの授業を受けさせるビジネスを、全米10カ所ほどで展開している。

そこではIBMやアクセンチュアといった企業が、ガルバナイズのオフィスに入居し、自社のデータサイエンティストを派遣して授業を行なったり、受講者と共同プロジェクトを進行したりしている。そして、そこを卒業したデータサイエンティストの卵たちを採用しているのだ。

その講習を3ヶ月後に卒業する生徒たちの8割は、データサイエンティストとして就職先を見つけるといわれている。私たちの会社もガルバナイズ卒業生を採用した。現在の仕事を辞め、かつ200万円の投資が必要だが、データサイエンティストとして採用される際には、最低でも年棒1000万円になるので、若い人たちを中心に人気を集めている。

こういった**短期間のビジネススキルセットのプログラム（ナノディグリーやマイクロカ**

レッジと呼ばれたりもする）は、今後どんどん増えるはずだ。

大学の授業は4年間だし、カリキュラムを作るのも大変である。一度作ったカリキュラムを変更するのにも労力がいる。

しかし、これからの時代に求められる技術は、ちょっとしたイベントでどんどん変化していく。たとえば、フェイスブックがオキュラス（Ｏｃｕｌｕｓ）というＶＲベンチャーを買収した瞬間に、ＶＲ技術者の需要は一気に上がった。そのときフェイスブックの採用枠の約20パーセントがＶＲエンジニアになったという話も聞く。

こういったイベントひとつで求められる技術が変わる時代なのだから、今後は短期間でスキルを学ぶことができる場がますます増えるだろう。

日本は２０１８年リカレント教育元年

アメリカだけではない。ＡＩ時代の到来を前に、日本でもリカレント教育の重要性が言われている。

リカレント教育とは、基礎教育を終えて社会人になったあと、あらためて就労に活かすため学び直したり就労するサイクルを繰り返すことを指す。私としては、必ずしも仕事をやめなくても、仕事をし続けながらリカレント教育を受けることは可能だと思う。

２０１８年は、日本のリカレント教育元年ともいわれた。日本には終身雇用制度があるので、これまでは逃げ切りできるかもしれないといわれていた40代、50代の人たちも、これからは何らかの技術を身につけなければ１００年時代を生き残れないといわれている。日本でも、社会人の再教育（リカレント教育）についての法整備が検討されているのだ。

日本では今まで、トップダウンによる「研修」で、社員にリスキルクラスを提供していた会社が多かったかもしれない。もちろん研修で気づきを与えるのは大事だが、持続しなければ意味がない。

また、トップレベルの技術者などを見ていると、どんどん自分でムークで学び続けて新しい技術を習得することに余念がない。今後、日本でも意欲の高い層は自分で英語のムーク授業を受けどんどんキャリアアップしていくだろう。

会社がフォーカスしなければいけないのは、意欲はあるが情報が足りない層、英語で学ぶことに抵抗がある層だ。研修という受け身な形ではなく、社員が自費で学ぶことを奨励する環境作りだと思う（自費で勉強することで、やる気も出る）。また、修了書などを提出したら、何かしらのキャリアアップや異動などのパスが描けるようになると、より社員のインセンティブも高くなるだろう。

自分のキャリアを自分でデザインする

最後に私自身のキャリアパスの話をしたい。

そもそも私とAIの最初の出会いはグーグル本社に勤務していたときに遡る。私はグーグル本社に入ったとき、AIの仕事がしたいとも、機械学習を学びたいとも思っていなかったし、エンジニア畑の人間でもなかった。ただ、IT業界が好きだったので、グーグル本社で働きたいと思っていただけなのだ。そこでたまたま配属されたのが、グーグルショッピングの機械学習機能を作るチーム（分類器チーム）だった。分類器とはグーグルショッピング上に提出される大量の商品データが、どのプロダクトカテゴリーに属するのかを分類する技術だ。

当時は「分類器って何？」という状態だったので、空いている時間に自分でムークなどを利用していろいろ勉強したのを覚えている。そこから、グーグルショッピングというプロダクト全体の作りや、分類器とひと言でいっても非常に複雑な作られ方をしているということを理解するようになった。

そこで、自分でプロダクト全体の俯瞰図を作ってみたり、エンジニアを集めて勉強会を開いたりしながら同僚とプロジェクトを立ち上げて、機械学習の中のデータ収集パイプラインの改善案を提出したりもした。その後は、別のチームへ引き抜かれ、たくさんのプロダクトを立ち上げる機会に恵まれた。

退職後はスタートアップ立ち上げを通して、機械学習機能がついているプロダクトを作って売るプロセスや事業創造を学び、その過程で、日本のＡＩの現状を学び、自分の強みを生かして日本に貢献する仕事がしたいと思い、パロアルトインサイトを立ち上げた。

プロダクト全体の俯瞰図を作ってみようと思ったことも、改善案を出したことも、誰かから頼まれたわけでもない。けれども、今振り返ると、この時代に自ら積極的に自分の仕事を俯瞰して見てみようと思ったことが今の仕事につながっていると感じる。

今、私は企業の経営者や事業開発者とエンジニアの間を橋渡しする仕事をしているが、これはまさにグーグルでこの時期に行なったことがきっかけになっていると感じる。

先日、ある親御さんから、「僕の息子はゲーム好きでずっとゲームばかりやっているのですが、どうすれば石角さんのように留学したいとか起業したいとか言える人になりますか」という質問を受けたことがある。

私は、「ゲーム好きは素晴らしいこと。次はゲームを作らせてみたらいかがですか？物事は、自分でやってみて学ぶことが多いです」と答えた。

この本を読んでいる方にも、さまざまな年代、背景、職業の人がいるだろう。

たとえば、**これから新しくキャリアを作りたい人は、何かをゼロから作ること、何かを体験して、アウトプットすることをおすすめしたい。**

ここでいう「アウトプット」には、プロダクトのようなモノだけではなく、事業や組織立ち上げも含まれる。論文を書いて発表するのも、ブログを書いて読者を作るのもアウトプットだ。これからは、アウトプットがある人とない人の差が大きくなる。なぜなら、0と1の差は、とてつもなく大きいからだ。そして、いくら自分が「1の人（＝経験したことがある人）」だとしても、それを証明するアウトプットがなければ、意味がないだろう。

逆にいうと、アウトプットがあれば、そこにレバレッジを効かせて1から10、10から100、1000へと大きく飛躍することだってできる。もちろん、そのアウトプット作りの過程の中に、当たり前のようにAIが活用されていれば、より素晴らしい。

AIを作ったことがある人、何かしらAIや機械学習に携わったことがある人、AIでないにしても、何かしら事業を作ったことがある人、何か「モノ」を作ったことがある人などと、全くそれらをしたことがない人では、今後のキャリアに大きな差が出てくるはずである。

あとは、英語力だ。ペラペラでなくてもいい。英語ができるだけで世界は何十倍、何百倍に広がるし、取得できる情報量が劇的に増える。AIコミュニティも、基本的にはすべて英語で動いているのだから。AI翻訳機に頼れば良いなどという他力本願（AI本願？）な姿勢では、物事の本質が見えずにチャンスを逃すことになる。

専属の通訳がいる立場の人は別として、ハンディAIスピーカーを持って会議に出たり、ブレストをしたりする努力をするくらいなら、1週間でも語学留学で海外へ行ったほうがいい。もっといいのは、アウトプット作りを英語でやると一石二鳥だろう。

今、大企業の中でイントレプレナーとしてAIを使って新規事業を立ち上げたいと考えている方、もしくは何かしらのキャリアアップをしたいと考えている方もいるだろう。そういった人たちにとっては、自分の現在の仕事全体を俯瞰し、担当しているプロダクトや事業全体の流れを描けるようになる発想がとても大事だ。

その過程で普段接することのないチームの人や、弊社のような外部パートナーとも知り合うだろう。そこからビジョンや課題を共有して、事業化に持っていくのは大変だが、やりがいのあることだと思う。事業化するには、論より証拠でプロトタイプを作ることがオススメだ。とにかく周りを巻き込むためのツール活用をおすすめしたい。

とにかく自分の将来が不安な人には、その不安な気持ちを原動力に変えることをおすすめしたい。

不安だからムークで機械学習の勉強をする。不安だからAIの会社でインターンをしてみる。不安だから勉強会に顔を出して見聞を広める。不安に思うのは、問題意識がある証拠だ。危機感が全くない人よりずっと先を行っている。

アメリカのデータサイエンティストの6割が独学（ムーク含む）でスキルを習得しているのだ。50歳になってからオンラインでコンピュータサイエンスを学び直している人もいる。もちろんデータサイエンティストだけが道ではない。ムークなどを利用して自分が行きたい道に軌道修正することは何歳になってもできる。

これを機会に、自分がのぞむ人生をデザインしてみてはいかがだろうか。

POINT

- 社会人になっても学び直しが必要な時代に
- 今までの経験を生かしてAIビジネスにかかわることもできる
- 局所的ではなく、全体を俯瞰する視点を持つことで、キャリアをデザインできる

おわりに

ＡＩ導入と働き方改革はコインの裏と表

月のうち1週間を日本、3週間をシリコンバレーで過ごす生活を続けていると、日本のニュース報道の変化に敏感になる。

この1年の間に、明らかに取り上げられる回数が増えたワードが「ＡＩ」と「働き方」だろう。

私は、ＡＩビジネスと働き方改革の話は、コインの裏と表だと思っている。**ＡＩが浸透する世界では、人はもっと多様な働き方ができるようになる。そして人ではなければできない仕事につくことになる。**

高度プロフェッショナル制度に反対した人たちは、労働時間の超過や過労死を誘発すると主張したが、ＡＩを使えば無駄な仕事をしなくて済む時代になる。高度プロフェッショナルの人達にとってはまさしく、1時間あたりの生産性を高める環境が今後整っていくはずだ。

データサイエンティストのような専門性があるAI人材は、企業に属さなくても稼げるので、いくつかの会社と契約して仕事をする人たちも多く見られる。

アメリカでは、このような個人事業主のような働き方をする人たちが増えてきて、同僚であっても、誰が正社員で誰が契約社員かわからないくらいだ。

「ポートフォリオキャリア」といった、複数のキャリアを持って働く人も増えた。例えば大学教授をしながらコンサルタントとして起業をしたり、複数の企業の取締役についたりする人などが挙げられる。

イメージでいうとイーロン・マスク氏がテスラとスペースXのCEOなのも、スタンフォード大学で機械学習を教えていたアンドリュー・ング教授が世界中の名門大学の授業を無料で受講できるコーセラを立ち上げたり、中国の百度（バイドゥ）でチーフデータサイエンティストをやっていたことなども、それに当てはまる。

日本で副業というと、いわゆる「週末起業」のような意味合いで語られることがまだ多い印象だが、アメリカでは、「本業と副業」という考え方自体が古くなっている。

先日、日本のWeWorkで会ったデータアナリストの男性は、自分は高プロ制度に賛成だと言っていた。なぜなら、空いた時間でＡＩやブロックチェーンの勉強をして、キャリアアップしたいからとのことだった。

日本でも、とくに若い世代は転職志向が強く、これまでとは違った働き方を求める傾向がある。今後、若い人たちを中心に働き方は大きく転換していくと考えられる。

ワークライフバランスから、ワークライフインテグレーションへ

働き方が変われば、生き方も変わっていくだろう。

「マルチタスクもワークライフの両立もしない」

これはアマゾンＣＥＯジェフ・ベゾスが２０１７年ロサンジェルスのサミットで語った言葉だ。「ワークライフバランスという言葉は好きではない」とベゾスは言い、１日８時

間の睡眠を大事にしているそうだ。

日本でも、「ワークライフバランスを大事にしよう」とよく言われるが、ベゾス氏同様、バランス＝両立しなければならないという言葉にプレッシャーを感じている人は多いだろう。私も同じだ。

ワークライフバランスという言葉の裏には、時間をうまく使って50／50にしないといけない、どちらに偏ってもいけない、というニュアンスがある。どちらかを選ぶということは、もう一方を犠牲にするというトレードオフを意味する。

けれども、そのようなトレードオフが、本当に可能だろうか。

私自身、会社のCEOでありながら、8歳と3歳の2児の親でもある。このような状況で、オンとオフを使い分けるなんてことは到底不可能だ。フェイスブックのCOOであるシェリル・サンドバーグ（2児の母）も「人間にオンとオフなんてない、あるのは私という人間のみ」と語っており、当時子育てと起業に追われていた私には大きな励みになったのを覚えている。

「ワークライフバランス（仕事と生活の両立）」という言葉に代わって、近年アメリカで提唱されている新しい働き方の概念が、「ワークライフインテグレーション（仕事と生活の統合）」だ。

ワークとライフを両立しなければいけないプレッシャーも、どちらかを選んだらもう片方を犠牲にするトレードオフもなく、そこにあるのは限られた時間をいかに自分が納得できるように使うか、その時その時を最大限に集中して過ごせるか、という心得である。この「ワークライフインテグレーション」の概念こそ、AI時代における人間らしい働き方ではないかと、私は考えている。

自分にしかできないことは何だろう

現在、私は、自分が最大限に貢献できる分野においては自分が稼働し、そうではない部分は外注、もしくは自動化するといった方法を取っている。そのために、仕事では当たり前のようにしている優先順位づけを、家事や子育てにも行うようになった。

そもそも親にしかできないことはなんだろうと考えたとき、私にとって優先順位の高いことは子どもの誕生日パーティーを開催すること、授業参観に行くこと、保護者面談に行くこと、子どもの寝かしつけ、そして子どもが話しかけてきたときに１００パーセント集中して話を聞き、会話をする、抱きしめてあげることなどだった。

一方で、食材の買い出し、献立作成、料理、掃除、洗濯などは私がやらなくてもいい、優先順位の低い項目にした。仕分けする際には、「子どもの立場になったときに、親にやってほしい作業はどれか」を基準軸としている。

たとえば私は夜、子どもに絵本の読み聞かせをするのだが、私が歯を磨く間はアレクサに読み聞かせをさせている。音読はスマートスピーカーでもできるが、歯磨きは自分でしかできないからだ。

アレクサで読み聞かせをしていると聞くと、「もっと母親が子どもと触れ合うべきだ」と非難する人も出てくるかもしれない。けれど、私は子どもと一緒に過ごす時間を大切にしたうえで、それができないときにスマートスピーカーで代用しているだけ。新しい技術は単純に人が行うことを代替するのではなく、「自分ができないことをやってくれる」ものとして使われるべきだと思っている。

「自分でなくてもできること」をどんどんＡＩに任せて、自分はビジネスやランニング、勉強といった「自分にしかできないこと」をやる。

ＡＩ時代が進んだ先の世界にあるのは、プレッシャーのかかる「ワークライフバランス」ではなく、「ワークライフインテグレーション」だと、私は確信している。

昔のように、「目指すべき人生像」が画一的な時代はもう終わった。それなのに、働き方だけが昔のまま画一的で良いはずがない。さまざまな人生像にあわせた働き方がこれからもっと生まれてくる。そんなときに、それを実現してくれ、応援してくれるのが、ＡＩという頼もしいツールなのだ。

幸せはどこにあるのか

私は、日本の高校を中退し、単身アメリカに渡ってアメリカの高校を卒業した。その頃から、ずっと「限られた人生において、自分を幸せにすることは何か？」と問われてきたように思う。教育現場でも、ハーバードビジネススクールでも、常に「自分がやりがいと充実感を持てる幸せなことは何か？」と問われ続けてきたのだ。

偏差値や与えられたリストの中から選ぶのではなく、自分はこれをやりたいから、自分の人生をデザインする。そういう意志を持ってきたことが、今の仕事にも結びついているのかもしれない。最近、そう考える。

そして、同時に、これから到来するＡＩ時代に大事なことは、私が今まで多くの方々に教わってきた**「自分が一番幸せに思う時間を見極める」**ことなのかもしれないと感じる。

最後に、この本を書くにあたってディスカヴァー・トゥエンティワンの干場弓子社長、千葉正幸執行役員、ライターの佐藤友美さん、コミュニケーションデザインの寺石明人さんに大変お世話になった。時間のない中迅速な対応をしていただき無事出版できたことは皆さんのおかげだ。心より御礼を申し上げたい。

そして、パロアルトインサイトで一緒に仕事をしている皆にも御礼を言いたい。パロアルトインサイトを始めてから楽しくない瞬間が一秒たりともないのは、チーム皆のおかげだと思う。これからもＡＩの先にある可能性を一緒に探っていけたらと思っている。

この本を読んでくださった方々の人生が、自分が一番幸せに思う時間で埋められていきますように。

2018年11月

石角友愛

いまこそ知りたいAIビジネス

発行日　2018年　12月15日　第1刷
　　　　2020年　2月19日　第3刷

Author　石角友愛

Book Designer　西垂水敦(krran)

Publication　株式会社ディスカヴァー・トゥエンティワン
〒102-0093　東京都千代田区平河町2-16-1 平河町森タワー11F
TEL　03-3237-8321(代表)
FAX　03-3237-8323
http://www.d21.co.jp

Publisher　谷口奈緒美
Editor　千葉正幸　　編集協力: 佐藤友美

Publishing Company
蛯原昇　梅本翔太　古矢薫　青木翔平　岩﨑麻衣　大竹朝子　小木曽礼丈　小田孝文
小山怜那　川島理　木下智尋　越野志絵良　佐竹祐哉　佐藤淳基　佐藤昌幸　直林実咲
橋本莉奈　原典宏　廣内悠理　三角真穂　宮田有利子　渡辺基志　井澤徳子　俵敬子
藤井かおり　藤井多穂子　町田加奈子　丸山香織

Digital Commerce Company
谷口奈緒美　飯田智樹　安永智洋　大山聡子　岡本典子　早水真吾　磯部隆　伊東佑真
倉田華　榊原僚　佐々木玲奈　佐藤サラ圭　庄司知世　杉田彰子　高橋雛乃　辰巳佳衣
谷中卓　中島俊平　西川なつか　野﨑竜海　野中保奈美　林拓馬　林秀樹　牧野類　松石悠
三谷祐一　三輪真也　安永姫菜　中澤泰宏　王廳　倉次みのり　滝口景太郎

Business Solution Company
蛯原昇　志摩晃司　瀧俊樹　藤田浩芳

Business Platform Group
大星多聞　小関勝則　堀部直人　小田木もも　斎藤悠人　山中麻吏　福田章平　伊藤香
葛目美枝子　鈴木洋子　畑野衣見

Company Design Group
松原史与志　井筒浩　井上竜之介　岡村浩明　奥田千晶　田中亜紀　福永友紀　山田諭志
池田望　石光まゆ子　石橋佐知子　川本寛子　宮崎陽子

DTP+図版制作　小林祐司
Proofreader　鴎来堂
Printing　大日本印刷株式会社

ISBN978-4-7993-2397-7